EDAF
MADRID

THOMAS SEILER

Con la colaboración de
Joachim Krump y Hans Weber

PRIMEROS AUXILIOS PARA NIÑOS Y BEBÉS

**Una GUÍA con todo lo que hay que hacer
en situaciones graves y de riesgo**

TU HIJO Y TÚ

Título del original alemán:
ERSTE HILFE BEI SÄUGLINGEN UND KINDERN

Traducido por:
MÓNICA SCHOLZ

© 1989. GEORG THIEME VERLAG
© 1995. De la traducción, Editorial EDAF, S. A.
© 1995. Editorial EDAF, S. A. Jorge Juan, 30. Madrid.
　　　　Para la edición en español por acuerdo con TRIAS Thieme Hippokrates Enke
　　　　in Georg Thieme Verlag, Stuttgart, Alemania.

Depósito legal: M.17.093-1998
ISBN: 84-414-0064-4

PRINTED IN SPAIN　　　　　　　　　　　　　　　　　　IMPRESO EN ESPAÑA

IMPRIME: IBERICA GRAFIC, S.L. - FUENLABRADA (MADRID)

Índice

Referido a este libro

Los casos de urgencia que se dan en individuos en edad infantil suponen para los padres, así como para los sanitarios de primeros auxilios, una responsabilidad bastante considerable. Por un lado, los accidentes y las enfermedades graves en niños parecen afectarnos de una forma especial y nos conmueven más que si se tratara de adultos. Por otro lado, las características del organismo de un niño merecen recibir un tratamiento que se adecue a éste y a la edad del niño. Por ello, las medidas que se puedan tomar para salvar la vida de un niño de 12 años pueden resultar sumamente nocivas en el caso de tratarse de un lactante.

Los centros especializados en el tratamiento de intoxicaciones hacen referencia a un dato que a más de uno nos debería hacer que pensar: ¡El 20 por 100 de las muertes de niños ocasionadas por intoxicaciones, no se producen como consecuencia de la «intoxicación» en sí, sino por el hecho de haber llevado a cabo un tratamiento incorrecto o inadecuado!

Este libro no pretende ser el sustituto de un curso de primeros auxilios. Tan sólo pretende ofrecernos una perspectiva resumida de las situaciones de urgencia más frecuentes, de las primeras medidas que han de tomarse en dichos casos y, además, nos tiene que proporcionar también cierta información de fondo. Algunas medidas, como la posición adecuada en que se ha de colocar a un herido o cómo llevar a cabo una reanimación cardiaca, es aconsejable aprenderlas en la práctica en cursillos que se imparten en este sentido.

En cada uno de los capítulos nos referimos de forma *generalizada y explayándonos al máximo* a cada uno de los temas que vamos a tratar. *Posibles preguntas* o sucesos referidos al caso de urgencia aparecerán en el margen *izquierdo* del texto. Cualquier *medida que se haya de tomar de forma inmediata*, se encontrará en el margen *derecho* **en un tipo de letra distinto**.

Un registro de temas al final del libro le facilitará adicionalmente su búsqueda.

Llamada de urgencia

Antes de realizar una llamada de socorro a un centro de urgencia, es aconsejable tomar las siguientes precauciones, por ejemplo:

- Colocar al herido o enfermo de lado y en posición estable (véase pág. 75), o
- comenzar a suministrarle oxígeno y aplicarle un masaje cardiaco (véase pág. 87 y ss.).

En una situación normal, la llamada de socorro la debe realizar una segunda persona: ¡Siempre que sea posible, no se deberá dejar solo al paciente!

¿Cómo localizar un **centro de urgencia?**

Cualquier centro de urgencia puede ser localizado marcando el número de la **Policía** o de los **Bomberos**:

Seguridad Social 061
(para grandes ciudades)

Bomberos: 080
Policía: 091

Contenido de la llamada de urgencia:
¿Dónde ocurrió?

Descripción detallada del lugar, del domicilio, del piso, etcétera.

¿Qué ocurrió?

Accidente, enfermedad repentina.

¿Cuantos/qué tipo de heridos?

Número y edad aproximada de los heridos, tipo de lesiones.

¿Quién llama?

Nombre, dirección, número de teléfono para posibles llamadas informativas desde el centro de urgencia al domicilio del herido.

¿Características especiales?

Heridos que se encuentran atrapados, aceite vertido, etcétera.

Nuestros números de urgencia

**Servicio de Urgencias
de su ciudad**
_____ Número de teléfono: _____

Médico de cabecera
_____
_____ Número de teléfono: _____

Pediatra
_____
_____ Número de teléfono: _____

Clínica infantil
_____
_____ Número de teléfono: _____

Padre
(Oficina o lugar de trabajo)
_____ Número de teléfono: _____

Madre
(Oficina o lugar de trabajo)
_____ Número de teléfono: _____

Familia/Amigos
_____ Número de teléfono: _____
_____ Número de teléfono: _____

Centros de urgencia especializados en intoxicaciones

Cualquier persona, ya sea entendida en medicina o no, puede recibir de estos centros información sobre si una sustancia, un medicamento o una planta resultan peligrosos o no para el niño en cuestión y sobre las medidas que se han de adoptar.

En el caso de efectuar una llamada a uno de estos centros, se deberían tener en cuenta los siguientes puntos para que se nos pueda dar una información lo más precisa y acertada posible.

¿**Qué** se tomó?   Nombre del medicamento, de la sustancia en cuestión, de la planta, etc. Buscar cualquier información al respecto en las etiquetas o en los prospectos que suelen acompañar a los medicamentos, sustancias, etcétera.

¿De qué manera se tomó la sustancia?

De forma oral, a través de la piel, inhalación, etcétera.

¿En caso extremo, **qué cantidad** de sustancia fue ingerida?

¿Cuándo se tomó la sustancia?

¿Cuál es el **peso** del niño?

¿Qué dolencias manifiesta el niño?

Índice de los números de teléfono de los centros de urgencia para casos de intoxicación

Información toxicológica nacional
(servicio permanente):   562 04 20

Anote aquí los servicios de urgencia
más importantes de su ciudad:

Hospitales/Clínicas   · Teléfono

Verificar cada cierto tiempo estos números de teléfono.

Intoxicaciones

Bajo el término «intoxicación» se debería entender, la ingestión de cualquier sustancia que no sirve como nutriente.

En edad infantil la intoxicación surge casi siempre «casualmente» como consecuencia de la curiosidad y no como resultado de un intento de suicidio. Por esta razón, los casos de muerte o los sucesos que dejan secuelas graves, debidos a la ingestión de sustancias que en la mayoría de los casos tienen un sabor bastante desagradable, son más bien poco frecuentes. De unos 30.000 casos de niños intoxicados que han sido comunicados a los centros de urgencia de intoxicación, «tan sólo» se llegaron a registrar 36 muertes.

A pesar de todo, estas cifras nos deberían hacer recapacitar: de estos 36 casos de muerte, cinco de ellos no se produjeron como consecuencia de los síntomas de las sustancias tóxicas ingeridas, sino que posteriormente se ha demostrado que fueron debidas a un tratamiento erróneo o prolongado. Por esta razón, en el caso de intoxicaciones en niños, ninguna advertencia acerca de las consecuencias de una terapia demasiado intensiva será suficiente.

¿Cuál es el estado del niño? ¿Qué procedimiento es el más adecuado?

El niño se encuentra inconsciente

■ *Control de las funciones vitales*
¿Respiración? ¿Circulación?

Cuando el niño es capaz de respirar por sí mismo	Colocarlo en posición lateral de forma estable (véase pág. 75). Llamar al médico de urgencia.
En caso de paro respiratorio	Respiración artificial (véase pág. 87 y ss.). Llamar al médico de urgencia.

El niño permanece consciente

■ *¿Ha sido ingerido algún medicamento?*

Se recomienda en un principio no tomar ninguna medida, sino aclarar siguientes puntos:	— Identificación del medicamento. (¿Se han conservado el envoltorio o el prospecto?) — ¿Cúal es la dosis máxima que está permitida ingerir? — ¿Qué tiempo ha transcurrido desde que se ha ingerido el fármaco? — ¿Cúal es el peso del niño? — ¿Se han observado algunos cambios en el niño?

— A continuación ponerse en contacto telefónico con el pediatra o médico de cabecera del hospital infantil más próximo o de un centro de urgencias especializado en intoxicaciones.

Gracias a los puntos a los que nos hemos referido anteriormente, la información que se puede dar es mucho más concisa y permitirá determinar si se trata realmente de los síntomas de una intoxicación y cúales son las medidas que se han de tomar.

Anotación:

Tan sólo en casos excepcionales un niño se queda inconsciente como consecuencia de haber ingerido algún medicamento. Mucho más frecuentes son los casos de pérdida de consciencia debidos a escapes de gas o a humos densos; en este caso resulta sumamente importante que la persona que se encuentre con el niño se proteja bien y que trate de ventilar inmediatamente la habitación y de sacar al niño de la misma al aire libre.

■ *Ingesta de una sustancia cáustica*

Son de naturaleza cáustica los productos antiparasitarios para cultivos, muchos productos de limpieza del inodoro y, en general, productos de limpieza del hogar, y muy especialmente los detergentes para lavavajillas. Para una primera actuación, carece de importancia si la sustancia es, desde el punto de vista físico, un ácido o una solución alcalina.

Una corrosión que afecte a la zona de la boca del niño resulta generalmente muy dolorosa; los niños suelen llorar mucho.

Medidas inmediatas:

— Extraer de la boca del niño posibles fragmentos o trozos sólidos del producto cáustico.
— Administración de líquido (agua, té).

Estas medidas facilitan la disolución de la sustancia cáustica y pueden conseguir limitar el posible daño. Se le debe ofrecer al niño todo el líquido que sea posible: en la mayoría de los casos se produce gracias a ello, y como consecuencia inmediata, la mitigación del dolor.

De cualquier forma, se debe impedir que el niño vomite, ya que la sustancia cáustica podría volver a dañar el tubo digestivo y la boca. Por tanto, los líquidos que administremos al niño se harán en cantidades pequeñas; por la misma razón, no se aconseja darle líquidos carbonatados. **A continuación, el niño será trasladado a una clínica para continuar con un tratamiento adecuado.**

■ *¿Se trata de bayas, partes de una planta o setas?*

Antes de tomar cualquier medida, al igual que ocurría con los medicamentos, hemos de aclarar los siguientes puntos:

¿**Qué** es lo que tomó el niño?

En este caso, llevar consigo, si es posible, **las partes de la planta ingerida**, para que se pueda llevar a cabo una identificación de la misma.

¿**Qué cantidad** máxima se puede ingerir?

¿**Cuándo** se tomaron las sustancias que se sospecha son tóxicas?

¿**Cuál** es el peso del niño?

¿**Cuáles** son los síntomas y quejas que manifiesta el niño?

Siempre y cuando sea posible, resulta aconsejable que la consulta telefónica esté dirigida a un centro de urgencia especializado en intoxicaciones. Ellos les podrán proporcionar una información bastante precisa y aconsejar cuáles son las medidas más recomendables que se deben seguir. En caso de duda, o si la sustancia en cuestión no lográ ser identificada, por regla general se deberá llevar a cabo la terapia de base para casos de intoxicación (véase pág. 26).

Observación:

Por regla general, un niño es capaz de tolerar la ingesta de una baya, de cualquiera de los arbustos que se puedan encontrar en la naturaleza, sin sufrir ningún tipo de consecuencias graves.

Sí que debemos tomarnos en serio la reacción de intoxicación que provoca el haber ingerido ciertas partes de plantas que provienen de los arbustos ornamentales que crecen en los jardines privados. En estos casos se debe preguntar al dueño del jardín acerca del nombre del arbusto en cuestión.

En el caso de tratarse de **setas**, resulta necesario eliminar con toda seguridad la posibilidad de que se trate de una *amanita*.
Ya que, en este caso, solamente la intervención inmediata puede hacer efectiva la puesta en marcha de una terapia adecuada. Si se pueden observar síntomas graves acompañados de vómitos y diarrea, en la mayoría de los casos 7-24 horas después de la ingesta, es muy posible que ya no resulte eficaz ayuda alguna.

A la hora de identificar una seta es sumamente importante dar una descripción detallada del lugar donde ésta fue encontrada (pradera o bosque).

■ *Intoxicación por humo*

La inhalación de humo en el escenario de un incendio puede conducir a graves daños en la función pulmonar.

La primera y más importante medida a adoptar:

— Retirar al niño del área del incendio.

— Se precisa **la ayuda médica inmediata** para seguir manteniendo la función pulmonar del niño.

— Procurar la autoprotección: **Protegerse la boca y la nariz**: Un auxiliar que se queda inconsciente puede servir de poca ayuda.

El hecho de oler una sola vez una determinada sustancia, por norma general no tiene por qué causar daños físicos. En caso de duda, los centros especializados en casos de intoxicación (véase pág. 17) nos pueden proporcionar información al respecto.

■ *Absorción de una sustancia tóxica a través de la piel*

Sustancias aisladas como, por ejemplo, la sustancia antiparasitaria E 605 y determinados disolventes también pueden ser absorbidos a través de la piel y penetrar de esta forma en nuestro organismo, provocando de esta manera síntomas de intoxicación.

Un segundo peligro procede del posible efecto cáustico de la sustancia en cuestión.

Medidas:

Desvestir al niño con sumo cuidado.

Procurar la autoprotección:

Lo mejor es hacer uso de guantes, y a continuación lavarse intensamente las manos con agua tibia.

En caso de la desaparición del dolor o de una piel aparentemente no dañada:

Lavar con jabón.

Consultar a un centro especializado en intoxicaciones (véase pág. 17) para informarse sobre otras medidas necesarias a adoptar.

Medidas generales en caso de una intoxicación

Los supuestos «remedios caseros» como, por ejemplo, la toma de agua salada, bajo determinadas circunstancias, pueden resultar de riesgo vital para niños pequeños y no se debe hacer uso de ellos bajo ningún concepto.

Eliminación de la sustancia tóxica
En el caso de un niño en estado inconsciente, dicha eliminación se produce provocando el vómito (Excepciones, véase pág. 27).

El **remedio a elegir** será la toma de un jarabe capaz de desencadenar los vómitos en un intervalo entre 10 y 20 minutos (jarabe de ipecacuana).

Para conseguir un efecto terapéutico a través de los vómitos, éstos se deberían provocar bajo las siguientes circunstancias:

— Sustancias sólidas (comprimidos), en un intervalo de 1-2 horas.

— Jugos,
en un intervalo de 1 hora.
— Soluciones en forma de
gotas, en un intervalo de
30 minutos.

Si a lo largo de estos intervalos de tiempo no resulta necesaria la intervención de un médico, estará justificado provocar los vómitos de las siguientes formas:

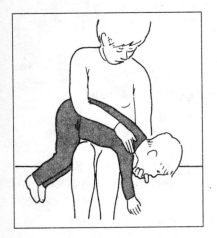

En primer lugar, administrar al niño líquido en abundancia (un estómago vacío difícilmente vomita).

Colocar al niño boca a bajo sobre nuestras rodillas dejando que la cabeza y la cara cuelguen hacia abajo. A continuación estimular bien con el dedo o bien con el mango de una cuchara la faringe del niño hasta provocar el vómito.

La **provocación del vómito** no se aconseja en los siguientes casos:

— El niño está somnoliento
o inconsciente.
— El niño ha ingerido algún
detergente, gasolina o
disolvente (en el caso de
que estas sustancias
lleguen a los pulmones,
se puede producir una
grave infección
pulmonar).
— Han sido ingeridas
sustancias cáusticas.

Solamente un médico experimentado debería efectuar un **lavado gástrico**; éste es necesario en niños inconscientes y en el caso de que hayan sido ingeridas sustancias sumamente tóxicas. Ambos casos no suelen ser muy frecuentes en niños; por esta razón, los lavados de estómago se realizan sólo en muy raras ocasiones.

Mediante los vómitos y los lavados de estómago se consigue la eliminación de la cantidad de sustancia tóxica que se encuentra en el estómago. Las sustancias que hayan podido alcanzar el intestino deberán ser neutralizadas de otra forma.

Desintoxicación del intestino:

Administración de carbón y y de sales de Glauber. El carbón se une a las sustancias tóxicas que han llegado hasta el intestino, consiguiendo así neutralizarlas; las sales de Glauber aumentan la actividad intestinal, de tal forma que las sustancias tóxicas que se han unido al carbón pueden ser expulsadas con mayor rapidez.

«Antídotos». Dependiendo del tipo y de la cantidad de sustancia ingerida, se hace necesaria la toma de un medicamento, que pueda debilitar los efectos de la misma. En general, este tipo de tratamiento no suele ser habitual en niños.

Vigilancia. La duración y el tipo de la vigilancia (monitor cardiaco, presión y valores sanguíneos) dependen de la sustancia que se ha ingerido; en casos normales es suficiente una vigilancia de 24 horas.

Sustancias que con mayor frecuencia conducen a casos de intoxicación en niños

La tabla que se expone a continuación contiene información referente a la cantidad máxima de cada una de las sustancias que puede ser ingerida, sin peligro de que se manifiesten síntomas de una posible intoxicación; en casos de duda se debe consultar inmediatamente con un médico.

Significado de las abreviaturas:

OP = Envoltorio original.

TMD = Dosis máxima permitida al día; se corresponde más o menos con la cantidad de medicamento prescrita para un día.

El término «x g/kg.» significa «x g. de sustancia por kilogramo del peso corporal del niño».

TABLA 1

Sustancia	Cantidad
Medicamentos	
Antibióticos: penicilinas, ampicilinas, oxacilinas, cefalosporinas, eritromicinas, tetraciclina,	5 veces TMD
preparados sencillos de calcio y de combinaciones de calcio y de vitaminas	10 comprimidos
Contramutan	1 OP
Dentinox	1 OP
Preparados que contienen flúor *Fluoretten*,	Hasta un máximo de 100
Zymafluor)	mg. de fluoruro
Frubienzym	100 comprimidos
Medicamentos homeopáticos (tinturas madre, símbolo ø)	1 OP
Píldora anticonceptiva	1 envase mensual
Silargetten	40 pastillas
Sinfrontal o similares	1 OP
Vitamina B, C, K y complejos vitamínicos	1 OP
Cuidado: dosis de vitamina A > 50.000 E/Kg., vitamina D > 50.000 E/Kg.	
Anotación: En el caso de todos aquellos medicamentos que no hemos nombrado aquí, sobre todo somníferos y medicamentos cardiocirculatorios (por ejemplo,	

TABLA 1. (Continuación)

Sustancia	Cantidad

---

betabloqueantes), es aconsejable establecer contacto telefónico con el médico de cabecera, pediatra o con una clínica infantil.

Cosméticos

Son relativamente inocuos cuando éstos proceden de Europa y Estados Unidos.

Pomadas, maquillajes, pintalabios, etc.	Hasta 2 g/Kg.

Cuidado: contenido de alcohol, aspiración de polvos.

Productos del hogar, estimulantes

Son relativamente inocuos cuando éstos proceden de Europa o Estados Unidos.

Líquido del anillo de dentición	No tóxico
Gasolina (cuidado: aspiración)	Hasta 1 ml/ Kg.
Minas de lápiz y de lápices de colores	No tóxicas
Abonos (cuidado: nitratos en lactantes)	0,5 g/Kg.
Rotuladores	No tóxicos
Pinturas de aplicación con los dedos	No tóxicas
Pastillas de carbón para encendido	0,5 g/Kg.
Tiza	No tóxica
Líquido refrigerante de acumuladores de refrigeración	No tóxico
Colorantes alimentarios	No tóxicos
Pinturas para adornar huevos de Pascua	No tóxicas
Líquido contenido en los biberones de las muñecas	No tóxico
Mercurio metálico	Contenido de un térmometro
Polvo de nieve (en juguetes)	No tóxico
Vinagre comestible (5%)	No cáustico
Lavavajillas para lavar a mano	No tóxico (debido a posible peligro de aspiración de espuma: añadir un disolvente de espuma)
Las cabezas de las cerillas de fósforo	Contenido de una caja de cerillas
La parte de la caja de cerillas dónde se enciende el fósforo	No tóxico
Styropor	No tóxico
Comprimidos de sacarina	20 comprimidos
Cola para empapelar	No tóxica

TABLA 1. (Continuación)

Sustancia	Cantidad
Tinta	0,5 g/Kg.
Silicagel (gel de sílice)	No tóxico
Acuarelas	0,5 g/Kg.
Cigarrillos	En lactantes: hasta 1/3 de un cigarrillo; en niños de 1-2 años: 1/2 cigarrillo; en niños > 2 años: 3/4 de cigarrillos

Plantas y bayas

Bayas de agracejo	No tóxicas
Agua de las plantas	No tóxica
Partes de una hoja	No tóxicas
Excepciones: beleño, acónito, dieffenbachia, tejo, digital, cítiso, cólquico, cicuta, tuya, adelfa, rododendro, cicuta acuática, torvisco, estramonio	
Cotoneaste (falso membrillo)	10 bayas
Tejo (cuidado: las espinas son muy venenosas)	5 bayas

Plantas y bayas (continuación)

Bellotas	3 frutos
Hiedra	5 bayas
Retama de tintoreros	Máximo 1 vaina
Frángula	Hasta 3 frutos
Espino albar	No tóxico
Judía de jardín, cruda	Máximo 1 judía
Madreselva	3 bayas
Saúco (cuidado: debido a su disposición individual, a veces es posible que provoque vómitos)	No tóxico
Patatas, verdes	Hasta un máximo de 3 bayas
Laurel cerezo	Hasta 5 frutos
Solanum pseudocapsicum	Hasta 4 frutos
Cerezo silvestre	No tóxico
Aligustre	5 bayas
Altramuz	1 baya
Uvas de Oregón (Mahonia)	No tóxico
Convalaria	Máximo 3 bayas
Muérdago	3 bayas
Dulcamara	5 bayas
Robinia (= acacia falsa)	hasta un máximo de 5 semillas

TABLA 1. (Continuación)	
Sustancia	**Cantidad**
Viburno, común	5 bayas
Espárragos	5 bayas
Acebo	5 bayas
Serbal	Sólo tóxico en grandes cantidades
Nueza	Hasta un máximo de 4 bayas

Ingestión de un cuerpo extraño

Con dificultades para respirar (Aspiración)

En este caso, el cuerpo extraño (un cacahuete, una pieza de construcción de juguete) ha alcanzado las vías respiratorias y se encuentra bloqueando parcial o totalmente el pulmón.

Reconocimiento:

— Detalles del accidente.
— Fuerte irritación bronquial.
— Dificultades respiratorias en el niño.
— Mala respiración transitoria (véase fig. pág. 34).
— En casos graves: La piel se torna azul.

Mala respiración:

Simultáneamente se produce la elevación del tórax y la bajada de la pared abdominal. (En el caso de una respiración «normal» se elevan y bajan simultáneamente el tórax y la pared abdominal.)

Medidas:

— A ser posible, levantar al niño cogiéndole por los pies y golpearle fuertemente entre los omóplatos.

— En el caso de niños de edad más avanzada, colocarlos de lado con el tronco inclinado hacia delante y golpearlos fuertemente entre los omóplatos.

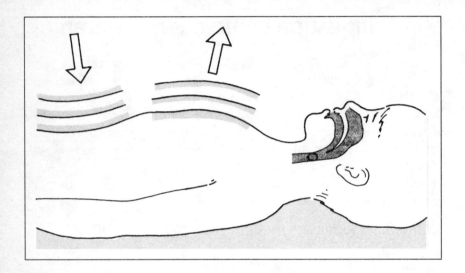

En caso de **adquirir el cuerpo una coloración azul o de disnea**:

Llamada de urgencia

En **caso de paro respiratorio**

Procurar extraerle el cuerpo extraño al niño y comenzar con **la respiración artificial** sin pérdida de tiempo (véase pág. 87 y ss.).

Advertencias:

Cuando el cuerpo extraño (por ejemplo, una canica) se encuentra bloqueando completamen te la tráquea, entonces no es posible ningún tipo de respiración. Al principio se puede observar incluso la «falsa» respiración (se eleva el tórax al mismo tiempo que se contrae el vientre en el intento de coger aire. Normalmente se suelen elevar de forma simultánea el tórax y el vientre), al poco tiempo (1-2 minutos) el paciente se queda inconsciente y muere sin que se le pueda ayudar.

En la mayoría de los casos, afortunadamente, el cuerpo extraño no suele bloquear todo el pulmón, sino determinadas zonas o partes. En estos casos la vida del niño no corre un peligro inminente; pero debido a hiperdilatación de partes del pulmón o a una pulmonía se pueden producir graves enfermedades pulmonares. Por esta razón, en el caso de que se produzca la «aspiración» de algún cuerpo extraño en un niño, se requiere con urgencia la intervención de un médico. En función del hallazgo, se intentará en primer lugar que el niño, de una forma natural, expulse el cuerpo extraño a través de la expectoración, por medio de inhalaciones o golpeándolo en la espalda. Si no se consigue expulsar el cuerpo extraño de esta forma, se llevará a cabo una exploración de la tráquea con anestesia (broncoscopia) y durante dicho reconocimiento se procederá a la extracción del cuerpo.

Cuerpos extraños en el tracto gastrointestinal

Reconocimiento:

— Secuencia del accidente.
— Ahogos, salivación.
— Irritación bronquial, dolores al tragar.
— Dificultades respiratorias.
— Sensación de opresión retrosternal.
— Atragantamiento de alimento no digerido.

— En una etapa más avanzada, mareos y dolores abdominales.

Medidas:

— En caso de síntomas de ahogo, sujetar al niño por las piernas hacia abajo y golpearlo fuertemente entre los omóplatos.
— Buscar a un médico en caso de trastornos respiratorios (con ayuda del servicio de primeros auxilios).

— **No** provocar **vómitos**. El efecto positivo de la toma de puré de patatas, choucrout o espárragos es dudoso.

Advertencias:

Es importante para el tratamiento saber **dónde** se encuentra el cuerpo extraño y **qué** es lo que se ha tragado el niño.

Síntomas como sensación de ahogo, dolores en el pecho o al tragar, indican que el cuerpo extraño se puede encontrar en el **esófago**. **Mediante** una radiografía de garganta, pulmón y vientre se intenta ubicar con mayor precisión este cuerpo extraño. En el caso de que éste se halle bloqueando el esófago, **se debería proceder a su extracción en un intervalo de 24 horas a través de un endoscopio**, con el fin de evitar posibles daños debidos a una fuerte presión.

Cuando el cuerpo extraño llega hasta el **estómago**, generalmente el niño no suele manifestar ningún tipo de dolencia. Exceptuando muy pocos casos (véase más adelante), no se requiere tratamiento alguno; basta con que se observe al niño en casa. Se recomienda controlar cada defecación para comprobar si el cuerpo extraño ha sido finalmente expulsado. Cuando el niño presenta dolencias tales como, mareo, dolores de vientre y vómitos, se requiere la presencia inmediata de un médico; es posible que entonces el cuerpo extraño se haya «estancado».

Un 95 por 100 de todos los cuerpos extraños ingeridos suelen abandonar el tracto digestivo de forma natural en unas 72 horas. El tamaño y la forma de dichos cuerpos no suelen jugar un papel importante en el tiempo que dura su expulsión. ¡En determinados casos aislados pueden transcurrir hasta cuatro semanas hasta que el cuerpo extraño es expulsado en la defecación!

En el caso de tratarse de un **objeto puntiagudo** (aguja), se recomienda extraerlo a ser posible con la ayuda de una endoscopia. Si esto no se consiguiera, se debería observar al niño atentamente; cualquier cuadro sintómatico que indique dolores en las zonas laterales del vientre puede significar que el niño tenga alguna lesión interna. Sin embargo, la mayoría de los objetos con cantos agudos suelen ser expulsados sin daño alguno por «vía natural».

Las **pilas de botón** pueden provocar en el esófago un proceso de cauterización grave, y por esta razón deben ser extraídas en la mayor brevedad de tiempo, en caso de que se encuentren «estancadas». Si éstas han llegado hasta el estómago, se recomienda esperar unas seis horas. En el caso de que la pila continúe ubicada en este órgano, se deberá extraer por medio de una endoscopia. Si conseguimos que abandone el estómago, se observará el «camino que siga a continuación». No hay que temer por concentraciones elevadas de mercurio; lo que realmente resulta peligroso es el efecto cáustico. Éste suele ser mayor en el esófago y en el estómago.

Ataques espasmódicos

Los ataques espasmódicos se producen debido a un aumento extremo de la actividad de las neuronas cerebrales. Esto puede tener su origen en numerosas causas.

Reconocimiento:

(*Cada uno* de los cuadros sintomáticos puede significar *por sí solo* que se esté produciendo un ataque espasmódico.)

— **Contracciones musculares**
(Tensión y relajación rítmicas de grupos musculares aislados.)

— **Espasmos de extensión y flexión**
(Tensión extrema de grupos musculares aislados *sin* producirse contracción muscular.)

— **«Relajación» súbita** de varios o determinados

Medidas:

Primeros auxilios:
— Colocar al niño sobre una superficie blanda para evitar posibles lesiones. No intentar sujetar los músculos contraídos, ya que podemos provocar de esta forma algún tipo de lesión.
— Aflojarle la ropa al niño.

— Ponerle una mordaza de protección entre los dientes (un monedero, una toalla, una cuña de goma) para evitar que se muerda la lengua.
¡No utilizar la fuerza!

— Dejar libres las vías respiratorias.
— Colocar al niño de lado y de

grupos musculares. (Ésta suele provocar la «inclinación» reiterada de la cabeza, el que se le caigan aquellos objetos que estaba sujetando con las manos e incluso que el niño se caiga al suelo.)

forma estable. (Según el tipo de ataque espasmódico, será o no imprescindible esta medida.) Mediante esta postura se evita que la lengua se vuelva hacia atrás y bloquee de esta forma las vías respiratorias.

— **Inconsciencia**

Después de un ataque espasmódico el niño suele caer en un «sueño posterior», durante el cual reacciona muy lentamente cuando se le habla. Durante esta fase es conveniente controlar su respiración y colocarlo de lado en posición estable. Por lo demás, dejar que el niño repose tranquilamente, porque cualquier provocación puede hacer que se produzca un nuevo ataque.

¡Mantener la calma! Un ataque espasmódico no suele tener, por regla general, un final trágico o mortal.

Los ataques espasmódicos pueden afectar o bien a todo el cuerpo, a una mitad del cuerpo o exclusivamente a un brazo, una mano, etcétera.

Cómo se debe proceder a continuación:

Cuando el ataque dura menos de un minuto: el niño se ha quedado dormido tras el ataque, pero, a pesar de ello, respira de forma regular:

Cuando el ataque dura por encima de un minuto *o* en el caso de que el ataque se vuelva a producir durante el «sueño posterior» al mismo *o* en el caso de que se observen irregularidades en el proceso respiratorio:

Contactar inmediatamente por teléfono con el pediatra/médico de cabecera, y, si éstos no son localizables, dirigirse a la clínica infantil más próxima.

Ataque espasmódico con síntomas de **dolencias ya conocidos**:
Después de llevar a cabo las medidas de primeros auxilios recomendadas (colocación del paciente, intentar desbloquear las vías respiratorias), éstas se comentarán con el pediatra.

Medidas a seguir:
En la mayoría de los casos, administrar un medicamento líquido (Rectiole) por vía rectal. A continuación establecer contacto con el médico correspondiente.

Cuando el **ataque persiste durante más de un minuto** después de administrar Rectiole o después de una pequeña pausa en el caso de repetirse el ataque o cuando el niño respira de forma irregular:

Llamar al médico de urgencias.

Advertencias:

Aproximadamente un 4 por 100 de los niños sufren un ataque espasmódico al menos una vez.

Un 90 por 100 de los ataques que se producen en edad infantil son lo que se suele llamar «espasmos circunstanciales u ocasionales», lo que significa que éstos se producen debido a alguna patología, cuyo origen no es precisamente el cerebral. (Los más frecuentes son los «espasmos febriles».) En estos casos *no* se debe identificar el ataque espasmódico de forma inmediata con el comienzo de una crisis epiléptica. En el tratamiento a seguir hay que tener en cuenta primeramente la patología o enfermedad de base (por ejemplo, descenso demasiado rápido de la fiebre en el caso de espasmos febriles). Dado que casi un 75 por 100 de los ataques espasmódicos infantiles suelen ser espasmos febriles, nos referiremos de manera especial a ellos en el siguiente capítulo.

Tabla 2
Causas más frecuentes de los ataques espasmódicos

Anomalías orgánicas cerebrales.

Estado después de una lesión cerebral, debida, por ejemplo, a un accidente de tráfico, un trauma de nacimiento, etcétera.

Malformaciones cerebrales congénitas.

Tumores cerebrales.

Enfermedades cerebrales graves.

Meningitis, hemorragia cerebral, traumatismo craneoencefálico, etcétera.

Enfermedades metabólicas graves o congénitas.

Niveles de azúcar bajos, alteraciones en la composición de las sales minerales del organismo, etcétera.

Espasmos febriles.

Intoxicaciones

Un niño que haya sufrido un ataque espasmódico, debería ser reconocido al menos una vez por un pediatra especializado en trastornos neurológicos (neuropediatra). Basándose en la descripción del cuadro del ataque espasmódico, del historial médico del niño, de un reconocimiento exhaustivo de su organismo, incluidos análisis sanguíneos, así como los valores de un electroencefalograma, el neuropediatra puede clasificar dicho ataque y, si es necesario, determinar el tratamiento más adecuado. También puede aportar información acerca del pronóstico de una crisis.

De ninguna manera se debe identificar un ataque con una minusvalía psíquica.

Espasmos febriles

Los espasmos febriles pertenecen al grupo de los llamados «espasmos circunstanciales» y se consideran el tipo de ataque espasmódico que se presenta con mayor frecuencia en los niños.

Reconocimiento:

— La mayoría de estos espasmos (aprox. un 90 %) afectan a todo el cuerpo.
— Suelen observarse contracciones musculares rítmicas (espasmos clónicos), así como espasmos de extensión (espasmos tónicos); en la mayoría de los casos se suelen dar ambos tipos de espasmos simultáneamente.
— La aparición de estos espasmos febriles se produce en el primer aumento de fiebre que observamos; el niño está caliente.

Medidas:

Primeros auxilios:
— Colocar al niño sobre una superficie blanda para evitar lesiones. No intentar nunca sujetar los músculos contraídos, ya que ello podría originar lesiones bastante graves.
— Dejar libres las vías respiratorias.
Si es posible, colocar al niño de costado y en una posición estable.
— En caso de reaparición del espasmo febril, dar al niño los medicamentos que le haya recetado el médico, en la mayoría de los casos Rektiole Diazepam.
— Tan pronto como sea posible, tomar medidas que nos

permitan disminuir la fiebre (supositorios para bajar la fiebre, destapar al niño, envolturas en las piernas).

Cómo se debe continuar actuando cuando se manifiesta el primer ataque espasmódico:

Duración del ataque menor a un minuto: el niño se encuentra dormido después del ataque, pero respira regularmente:

Contacto telefónico inmediato con el pediatra/médico de cabecera, y, si éstos no son localizables, establecer contacto con la clínica infantil más cercana.

Duración del ataque superior a un minuto *o* reiteración de un nuevo ataque *o* irregularidades en el proceso respiratorio:

Llamar al médico de urgencias.

Actuación a seguir en el caso de repetirse de nuevo el espasmo febril:

Si los **ataques espasmódicos** no cesan, a pesar de aplicar las medidas recomendadas por el pediatra/médico, **en un intervalo de tiempo inferior a un minuto,**

contactar por teléfono inmediatamente con el médico que está tratando al niño.

Si el ataque espasmódico **persiste** o se **repite nuevamente,** transcurrida una pequeña pausa o en el caso de que observemos **irregularidades en la** respiración del niño:

Avisar la médico de urgencias.

Advertencias:

Los espasmos febriles suelen ocurrir, sobre todo, en niños que hasta el momento se han considerado sanos, en edades comprendidas entre los seis meses y los cinco años. La mayoría de los espasmos suelen manifestarse en el segundo año de vida. Los espasmos afectan con mayor frecuencia a los niños varones.

Una de las causas de estos espasmos febriles es el aumento súbito de la fiebre. Las enfermedades que provocan procesos febriles son, en su mayoría, infecciones de las vías respiratorias superiores, como, por ejemplo, una bronquitis.

La duración de un espasmo febril suele ser mayor que la de cualquier otro tipo de ataque espasmódico que tenga diferente origen. Sin la aplicación de una terapia, el ataque puede llegar a durar desde media hasta una hora. ¡Cualquier ataque espasmódico que se prolongue durante más de 15 minutos puede constituir un riesgo para la vida!

Es muy importante reconocer al niño de manera exhaustiva después de que se haya producido el primer espasmo febril, con el fin de poder descartar con la mayor seguridad otras posibles causas del ataque espasmódico, tales como una meningitis, una intoxicación, trastornos metabólicos, etc. En el caso de estas otras enfermedades, el tratamiento a seguir sería completamente diferente.

Cómo tratar un espasmo febril:

1.   **Disminución de la fiebre, tanto mediante la adopción de medidas físicas** (envolturas en las piernas, destapar al niño, etc...) como a través de la utilización de medicamentos (supositorios para bajar la fiebre). Estas medidas que aplicamos para intentar que baje la fiebre del niño, son de suma importancia, ya que, en un niño con fiebre muy alta, la interrupción del espasmo por medio de medicamentos puede llegar a ser muy problemática.

2.   **Interrupción del espasmo mediante la administración de medicamentos.** Se lleva a cabo fundamentalmente con

la ayuda de medicamentos líquidos que se suministran por vía rectal (Rectiole). El fármaco más conocido y efectivo es el Diazepam, del cual se suele administrar a un niño de hasta 15 kilos de peso una dosis de 5 miligramos, y en niños con un peso superior a los 15 kilos la dosis recomendada suele ser de 10 miligramos.

En el caso de que se administre esta sustancia al niño dentro de los cinco primeros minutos después de producirse el espasmo, en un 90 por 100 de los niños afectados se logrará interrumpir el espasmo.

Cuando se le administra un «Rectiole» al niño, después de 10 a 15 minutos de haberse producido el espasmo, su efectividad no será tan elevada; en este caso, el ataque espasmódico deberá ser tratado con medicamentos administrados por vía intravenosa (por un médico). Cuando le aplicamos un Rectiole al niño, éste puede «soltarle el intestino». Por esta razón se deberían seguir las siguientes recomendaciones en la aplicación de Rectiole:

— Después de la aplicación, sujetarle durante un momento fuertemente las nalgas.
— A pesar de una posible e inmediata defecación, aplicarle un segundo Rectiole.

Solamente en un 3-4 por 100 de los niños que han sufrido un espasmo febril se considera a éste como el primer síntoma de una crisis o de una epilepsia. Existen una serie de factores de riesgo que sí pueden ser indicativos de que el espasmo febril puede desembocar en una epilepsia. Estos factores son:

— Antecedentes epilépticos en la familia.
— Síntomas de una enfermedad cerebral previa.
— Aparición del primer espasmo febril durante el primer año de vida o después del cuarto cumpleaños del niño.
— Ataque no generalizado, sino localizado.
— Durante una infección febril se producen numerosos ataques.
— La duración de un ataque supera los 15 minutos.

— Los espasmos febriles se repiten más de tres veces.
— Se observan determinados cambios en las corrientes cerebrales (EEG).

Como en todo ataque espasmódico, el niño debería ser reconocido al menos una vez por un pediatra especializado en neurología. Éste decidirá las medidas que se han de tomar para evitar la aparición de un nuevo espasmo febril, basándose en la descripción del cuadro clínico de los ataques espasmódicos sufridos, en los valores que muestre el electroencefalograma (EEG) y en la posibilidad de que se den los factores de riesgo anteriormente mencionados.

Modo de empleo de los tubos rectales (enemas): quitar el tapón de cierre (1), introducir cuidadosa y totalmente el tubo rectal en el recto (2), presionar el tubo (3), sacarlo aún presionado (4); a continuación apretar ambas nalgas.

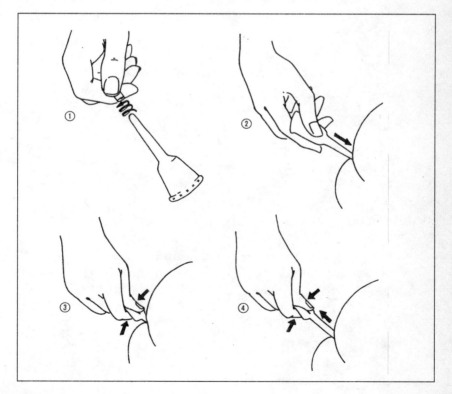

Dificultad respiratoria (disnea)

Sin respiración, el ser humano no puede sobrevivir. Por esta razón, la respiración se considera como un signo «vital», que en cualquier enfermedad y en cualquier accidente debe ser controlado y observado.

En otros apartados hacemos referencia a un posible paro respiratorio (véase pág. 89) y al bloqueo de las vías respiratorias por medio de un cuerpo extraño (véase pág. 35).

En este capítulo trataremos aquellas enfermedades que suelen ir acompañadas de una repentina dificultad respiratoria.

El síndrome de Krupp (Croup-S.)

Definición:

Trastorno en el proceso de **inspiración**, provocado por un estrechamiento agudo que tiene lugar en la zona de la laringe.

Antiguamente la difteria era una de las causas principales del síndrome de Krupp. Hoy en día se tienen en cuenta las siguientes dos enfermedades: el llamado **seudo rup (laringitis estridulosa)** y la **epiglotitis**.

La epiglotitis suele ser bastante menos frecuente que un ataque de seudocrup.

Para una mejor visión al respecto, hemos resumido aquí las principales diferencias entre la epiglotitis y el seudocrup:

Seudocrup	Epiglotitis
Característica en común: Dificultad respiratoria al inspirar aire	
Ronquera	Hablar gangoso
Tos perruna	No se tose
Ninguna dificultad al tragar	Dificultad al tragar
No se produce salivación	Produce salivación
Fiebre moderada (alrededor de los 38° C)	Fiebre alta (alrededor de los 40° C)
Con frecuencia se produce después de una infección	Se produce en personas totalmente sanas

Seudocrup

Reconocimiento:

Estadio 1: Ronquera, tos perruna.

Estadio 2: Inspiración sostenida y ruidosa, dificultad respiratoria creciente.

Estadio 3: Inquietud, necesidad de aire, que no puede ser satisfecha, pulso acelerado, en parte denota cianosis, en parte palidez.

Estadio 4: Dificultad respiratoria, jadear, inconsciencia (el niño parece engañosamente «tranquilo»), pulso apenas perceptible, existe grave peligro de ahogo.

Medidas:

Estadio 1: Humedecer el ambiente (si fuera necesario utilizar el baño).
— En el caso de haber identificado la enfermedad pseudocrup, seguir las medidas aconsejadas por el pediatra.
— Intentar tranquilizar al niño.

Estadio 2: Como en el estadio 1, pero avisar inmediatamente a un médico.

Estadio 3 y 4: **Llamar al médico de urgencias. Peligro de muerte.**

Advertencias:

La enfermedad seudocrup tiene su origen en una inflamación virulenta en la región laríngea. No se manifiesta fiebre, o, en todo caso, ésta es moderada. Esta afección tiene su mayor frecuencia entre el sexto mes de vida y los tres años.

Suele manifestarse sobre todo en otoño y en primavera; se cree que su incidencia está relacionada con una contaminación creciente. Pero esto aún no se ha podido demostrar de una forma clara.

Si se consigue tratar a tiempo, se podrán evitar las graves consecuencias que acarrea (*Estadio 3 y 4.*)

Epiglotitis

Reconocimiento:

— El niño en principio está totalmente sano.
— Fiebre alta (39-40° C).
— Situación clínica grave.
— Dificultad al aspirar.
— Hablar gangoso, con molestias al tragar y salivación en la boca.

Medidas:

— No reconocer al niño, cualquier manipulación, sobre todo un reconocimiento de la faringe, puede provocar un paro respiratorio.

— **Llamar al médico de urgencias.**
— Intentar tranquilizar al niño.

Advertencias:

La epiglotitis se produce como consecuencia de una inflamación bacteriana de la epiglotis. Los niños tienen una apariencia más enfermiza que en el caso del seudocrup. La epiglotitis tiene una incidencia mayor en niños con edades comprendidas entre los tres y los seis años. Resulta imprescindible llevar al niño inmediatamente con la ayuda de un médico de urgencias a una clínica infantil, teniendo en cuenta que el transporte debe ser rápido, aunque no brusco.

El ataque de asma

Reconocimiento:

— Espiración prolongada y jadeante.
— Sentado incorporado, con necesidad o falta de aire.
— Inquietud, miedo, piel sudorosa, pulso acelerado.
— Aumento de la cianosis en el curso del ataque.

Primer ataque

En el caso de producirse un nuevo ataque

Empeoramiento o inconsciencia.

Medidas:

— Colocar al niño con el tórax elevado.
— Administración de aire fresco.
— Desabrocharle las prendas de vestir que lo puedan oprimir.

Acudir inmediatamente al pediatra.

Llevar a cabo las medidas recomendadas por el pediatra.

Médico de urgencias.

Advertencias:

Debido a la inflamación de las mucosas a nivel de los bronquios y la formación de una mucosa viscosa, el aire puede ser conducido activamente a los pulmones, sin embargo, la espiración, que normalmente tiene lugar sin «esfuerzo» alguno, sólo es posible con suma dificultad y con un aporte adicional de energía. Como consecuencia de ello, es frecuente que se produzcan enfermedades alérgicas (véase pág. 59).

Ahogos

Reconocimiento:

— Secuencia del accidente.
— Cianosis en piel y mucosas.
— Inconsciencia.

Medidas:

— **Extracción inmediata** del objeto que dificulta o bloquea la respiración.
— Control de la respiración, del pulso y del estado de consciencia.
— Colocación adecuada.
— En caso necesario, administrar respiración artificial.
Llamar al médico de urgencias.

Advertencias:

En la mayoría de los casos, la causa de una asfixia mortal suele ser una bolsa de plástico cubriendo totalmente la cabeza del niño. Aunque también jugar a meterse en un frigorífico desconectado puede significar un peligro de muerte. Desgraciadamente, toda ayuda llega a veces demasiado tarde. El «tratamiento» más efectivo consiste en explicarles a los niños el peligro que suponen determinados «juegos».

Quemaduras y escaldaduras

Reconocimiento:

En el caso de que en niños de corta edad y en lactantes, más de un 8 por 100 de la superficie corporal presente quemaduras de segundo o tercer grado (la forma de calcular la superficie coporal y la determinación del grado de las quemaduras se describe en la página siguiente), debido a la pérdida de líquido a través de la herida, así como a los intensos dolores, se puede producir lo que se llama un «choque de quemadura», que es vitalmente peligroso. Por esta razón, cuando las quemaduras sean de esta índole, es necesario el tratamiento en una clínica.

Primeras medidas:

— Apagar la ropa que aún esté ardiendo.
— Retirar inmediatamente la ropa quemada. La ropa adherida a la piel no debe ser retirada.
— Rápidamente enfriar la quemadura con agua fría durante al menos 10 a 20 minutos. Tan sólo si el niño comienza a sentir frío, interrumpir este proceso de «enfriamiento».
— **Llamada de urgencia** en el caso de tratarse de una quemadura que afecte a un 8 por 100 de la superficie corporal (el cálculo véase más adelante).
— Si no es posible enfriar la quemadura, tratar de esterilizar la herida. ¡No utilizar pomadas, ni harina, etcétera!

Otras medidas adicionales:

— Las quemaduras o escaldaduras de cara o zonas genitales siempre deben ser tratadas en una clínica.
— Hay que considerar que exista una protección lo suficientemente segura contra el tétanos.
— Tratar la quemadura según las reglas expuestas en el capítulo sobre el tratamiento de heridas (véase pág. 123).

Cálculo de la superficie corporal

Regla principal: El área interna de la mano (incluidos los dedos) del paciente corresponden a un 1 por 100 de la superficie corporal.

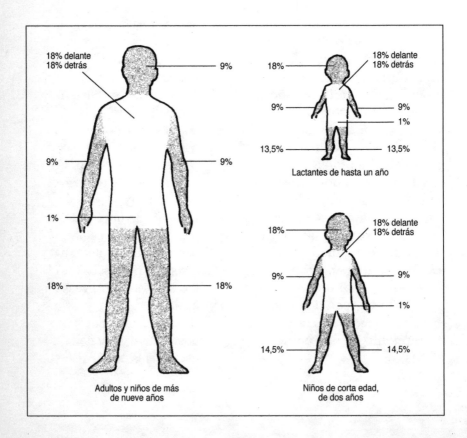

Clasificación de las quemaduras y escaldaduras

Primer grado: Enrojecimiento de la piel, en ocasiones ligera inflamación, dolores.

Segundo grado: Enrojecimiento de la piel, formación de ampollas, dolores.

Tercer grado: Necrosis de la piel (esto significa piel ennegrecida con algunas zonas circundantes blancas). La mayoría de las veces no se manifiestan dolores ya que las células nerviosas también han sido destruidas.

Reacciones alérgicas

Bajo el término «alergia» se entiende «la alteración del sistema de defensa de un organismo frente a sustancias extrañas, en forma de una hipersensiblidad patológica». Actualmente se está observando un incremento de las enfermedades alérgicas.

Las reacciones alérgicas pueden producirse en **casi todos los órganos** corporales: las zonas más afectadas suelen ser la piel y las mucosas: una alergia puede desembocar en un caso extremo que se conoce como «choque alérgico» (anafilaxia). Esta forma implica un riesgo vital, pues conduce a trastornos graves en la función circulatoria cardiaca.

Una reacción alérgica puede ser desencadenada en principio por cualquier sustancia extraña; las más frecuentes son:

Medicamentos, plantas, polen, polvo doméstico, insecticidas, determinados alimentos y medusas.

Reconocimiento:

Pulmón:
En general: dificultad respiratoria (relacionada con asma alérgico, con formas «alérgicas» de bronquitis y con infección de la laringe y de la tráquea).

Medidas:

En caso de dificultad respiratoria (véase pág. 50):
— Si es posible, retirar o eliminar la causa desencadenante.
— Colocar el tronco en posición incorporada.
— En el caso de repetirse el ataque, administrar al niño los

medicamentos recetados por el pediatra.
— En caso de agravación o inconsciencia: **Llamar al médico de urgencias**.

Reconocimiento:

Circulación cardiaca:
Al principio se produce un aumento del pulso y una bajada de la tensión arterial, más tarde el niño se vuelve inconsciente, ya no tiene pulso, ni respira.

Medidas:

En el caso de un choque alérgico (anafilaxia, véase pág. 84):
— Si es posible, eliminar la causa desencadenante.
— **Medidas de reanimación respiratoria** (véase pág. 89).
— **Llamar al médico de urgencias**.

Piel:
Enrojecimiento, erupción, inflamación, sensación de prurito, «eccema».

Nariz:
Inflamación de las mucosas («alergia al polen»), estornudos, inflamación de los senos paranasales.

En el caso de otros trastornos alérgicos:
— Si es posible, eliminar la causa desencadenante.
— En el caso de erupciones o sensación de picor, en primer lugar enfriar la zona afectada y después aplicar la pomada que corresponda (pomada antihistamínica).
— Si no se consigue alivio, avisar al pediatra.

Ojos:
Inflamación de los párpados
(blefaritis), conjuntivitis.

Estómago-Intestino:
Diarrea, mareos, vómitos.

— Cuando se hayan
conseguido mitigar las
molestias agudas, intentar
determinar la sustancia
alérgica a través de
análisis sanguíneos y
pruebas dermatológicas.
— Medidas preventivas:
Evitar las sustancias
alérgicas.
Desensibilización.

Electrocuciones

La mayoría de los accidentes relacionados con la corriente eléctrica que afectan a niños, son provocados por la corriente doméstica (220 V) y pueden suponer un peligro **mortal**, debido a los trastornos del ritmo cardiaco que producen.

Reconocimiento:

— Secuencia del accidente: el niño aún puede estar conectado a la corriente eléctrica.
— Marcas debidas a una electrocución (quemaduras en los puntos de alimentación y de salida de la corriente).

— Estado general del niño: Según sea la gravedad de su estado, aturdimiento o pérdida total de la consciencia, paro respiratorio, paro circulatorio.

Medidas:

— ¡Autoprotección! Antes de tomar cualquier medida, interrumpir el circuito eléctrico desconectando o apagando los interruptores.

Atención: También el enchufe puede estar cargado de corriente.

— Control de la respiración y del latido cardiaco.
— *Cuando el niño respira:* Colocarlo en posición estable (véase pág. 83).
— *En el caso de paro respiratorio y/o circulatorio:* Inmediatamente iniciar medidas de reanimación

cardiaca y pulmonar (véase pág. 91).

— **Llamar al médico de urgencias** (a ser posible, que el aviso lo realice una tercera persona).

Advertencias: La corriente eléctrica puede provocar fundamentalmente las siguientes lesiones:

1. *Alteraciones en el ritmo cardiaco (arritmias).* Cuando la corriente eléctrica fluye a través del corazón, en la mayoría de los casos se desencadena una fibrilación ventricular. Entonces, el músculo cardiaco lleva a cabo 300 contracciones por minuto, que no son capaces de poner en marcha la corriente sanguínea a través del organismo y, por lo tanto, esta situación ha de ser juzgada y tratada (masaje cardiaco) como si se tratara de un paro cardiaco. El diagnóstico tan sólo es posible de determinar, a partir de los resultados de un electrocardiograma (ECG).

2. *Quemaduras.* La corriente eléctrica destruye los tejidos corporales. La gravedad de las lesiones depende de la fuerza, duración y de la vía de la corriente eléctrica, así como del estado de la piel (la piel mojada conduce especialmente bien la corriente). Aparte de las quemaduras en la piel, como consecuencia de la electrocución se pueden producir lesiones en el tejido conjuntivo y en la musculatura e incluso trastornos en la función renal.

Por tanto, después de un accidente relacionado con la corriente eléctrica, se requiere la inmediata intervención de un médico; el tratamiento necesario se determinará en función del alcance de las lesiones.

Ahogamientos

Reconocimiento:

— Secuencia del accidente.
— En la mayoría de los casos se observa inconsciencia.
— Ocasionalmente se produce un paro respiratorio o circulatorio.

Medidas:

— Rescatarlo del agua.
— *En caso de que el niño respire:*
— Colocación estable (véase pág. 75 y ss.).
— *En caso de paro respiratorio:* Iniciar inmediatamente la respiración artificial, si es posible, incluso mientras se está produciendo el rescate (véase pág. 88).
— En caso de paro circulatorio: Medidas de reanimación (véase pág. 94). Llamar al médico de urgencias (a través de una tercera persona).
— Mantener el calor (retirar la ropa mojada, cubrirlo con una manta).

Todas aquellas medidas que sirven aparentemente para desalojar el agua de los pulmones y del estómago (compresión del tórax, extensión y flexión de los brazos, «sacudir» al ahogado) no son efectivas, sino superfluas e incorrectas.

¡A través de ellas no se consigue eliminar el agua, sino que constituyen una pérdida de tiempo hasta que se comience con la respiración artificial!

Advertencias:

El agua que penetra en la boca y en la faringe provoca, en primer lugar y a través de una contracción de la glotis, un paro respiratorio. Esta contracción también impide que el agua penetre en los pulmones; si el niño es salvado a tiempo, la respiración artificial es suficiente para conseguir una reanimación eficaz (lo que se conoce con el nombre de **ahogamiento seco**, supone un 10 por 100 de los accidentes por ahogamiento).

En una secuencia posterior del accidente, el ahogado traga grandes cantidades de agua que van a parar al estómago, que son vomitadas y mezcladas en parte con el posible contenido gástrico. Con un esfuerzo creciente se va abriendo la glotis de nuevo y el agua llega al pulmón (el llamado **ahogamiento mojado,** que constituye el 90 por 100 de los accidentes por ahogamiento).

Dependiendo del tipo de agua tragada y después de lograr la reanimación, el paciente debe tener en cuenta los riesgos siguientes:

Agua dulce: Esta clase de agua es asimilada rápidamente por el organismo a través de los pulmones (¡transcurridos dos minutos después de su ingestión, la mitad del agua «tragada» por los pulmones ya forma parte del torrente circulatorio!). Esto puede conducir a graves alteraciones en los niveles de agua y de las sales minerales del cuerpo, lo que se traduce a su vez en trastornos en las funciones cardiacas y renales que pueden poner en peligro la vida del niño.

Agua salada: Debido a su alto contenido de sal, esta agua «absorbe» las proteínas sanguíneas de los capilares sanguíneos y las lleva hacia los pulmones. El pulmón «se llena» y se produce un edema pulmonar. Tan sólo mediante una intervención médica intensiva es posible sobrevivir a este estado.

¡De todo aquello que hemos descrito anteriormente, se deduce que una persona «casi ahogada», pero que ha conseguido ser reanimada satisfactoriamente, debe seguir bajo observación clínica!

Se han descrito casos de reanimación de éxito (es decir, sin que queden secuelas en el accidentado) en niños que permanecieron durante más de 20 minutos sumergidos en agua fría. Por una parte, las esperanzas de vida del ahogado disminuyen con la temperatura del agua, aunque las posibilidades de que el rescate tenga un desenlace feliz son mayores debido al menor requerimiento de oxígeno que suele presentar un organismo que se encuentra a bajas temperaturas. **¡Por esta razón, se debería llevar a cabo la respiración artificial y el masaje cardiaco hasta que se constate de forma inequívoca y fuera de dudas la muerte del ahogado!**

Inconsciencia

La inconsciencia se considera un cuadro clínico que puede ser inducido por una serie de diferentes enfermedades. Sin embargo, la forma de tratar a un niño inconsciente es básicamente la misma en todos los casos.

Reconocimiento:

— Control de la respiración y del latido cardiaco.
— El paciente no reacciona cuando se le habla o se le toca.
— Los ojos permanecen cerrados.
— No son posibles los movimientos ordenados; tan sólo se producen reacciones de defensa ante estímulos de dolor.

Medidas:

En el caso de que el niño respire:
— Colocarlo en posición estable para asegurar que las vías respiratorias estén libres.
Llamar al médico de urgencias.

En el caso de que no se perciba respiración:
— Colocarlo de espaldas.
Llevar a cabo medidas de reanimación.
Llamar al médico de urgencias.

Las causas más frecuentes de un estado de inconsciencia son:

— Traumatismo craneoencefálico después de un accidente.
— Paro respiratorio o circulatorio.
— Diferentes formas de choque.
— Estado después de un ataque espasmódico.
— Enfermedades relacionadas con el metabolismo como, por ejemplo, diabetes mellitus, hipoglucemia en diabéticos que están siendo tratados, disfunciones renales, etcétera.
— Pérdida de líquidos extrema (debido a diarreas, calor, fiebre, etc., la llamada *toxicosis*).
— Inflamaciones graves (meningitis o pulmonía).
— Intoxicación por somníferos o tranquilizantes.

En los adultos, las enfermedades que afectan al sistema circulatorio y al corazón juegan un papel muy importante como causantes del estado de inconsciencia (por ejemplo, un infarto, en el cual y debido a una alteración de la irrigación cerebral, se produce de forma «repentina» la inconsciencia).

Desmayo

En niños, las enfermedades cardiocirculatorias no se consideran de importancia como causas de la pérdida de consciencia. Sí que suelen ser más frecuentes los **desmayos,** sobre todo durante la fase de desarrollo y crecimiento.

Reconocimiento:

— Prácticamente sólo se produce cuando se está de pie.
— Sensación de mareo y de frío.
— Malestar y ganas de vomitar.
— Cara pálida y bañada en sudor.
— «Todo nos da vueltas.»

Medidas:

— Colocarlo horizontalmente, (esta posición se da ya de forma «automática»).
— Colocar las piernas en alto.

El desmayo se produce como consecuencia de una «bajada» de la sangre a la región inferior del cuerpo. Por esta razón, fluye menos sangre hacia el corazón y del corazón al cerebro, por lo que el cerebro recibe una menor cantidad de oxígeno, lo que provoca la pérdida de la consciencia.

Colocación del niño enfermo o accidentado

Una de las medidas de primeros auxilios más importantes a tener en cuenta después de haberse producido un accidente grave es la colocación correcta del paciente.

Hay que resaltar, que la mayoría de los niños no inconscientes, suelen adoptar con frecuencia por sí mismos la posición más adecuada.

Paciente con dificultad respiratoria, por ejemplo:

Ataques de asma, síndrome de Krupp.

Medidas:

Colocar el tronco en posición incorporada hasta conseguir que el paciente se siente.

Pacientes con traumatismo cráneoencefálico, a los que uno se puede dirigir y hablarles y que respiran suficientemente:

Elevación del tronco 15-30 grados.

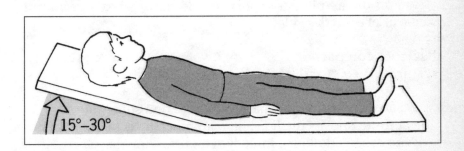

Adicionalmente la cabeza se coloca en una posición interme-
dia (de esta forma se garantiza que la sangre fluya sin obstáculos desde la región cefálica).

**Paciente con síntomas de
choque**, por ejemplo, debido
a la pérdida de líquidos
(hemorragias).

Posición de choque
(Colocar la parte superior del
cuerpo inclinada hacia abajo y las
piernas elevadas) 10-15 grados.

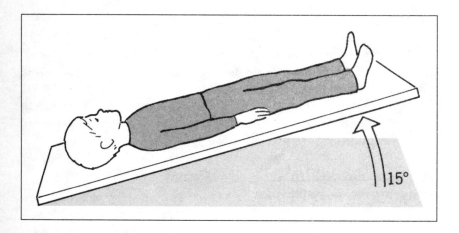

Mediante esta posición se favorece la circulación sanguínea
en las piernas, de forma que la sangre fluye hacia el tronco y la
cabeza, aumentando el volumen de sangre en la parte superior
del cuerpo (sobre todo en el cerebro y los pulmones).

En caso de adoptar una posición demasiado extrema, se dificulta la capacidad de expansión de los pulmones. Entonces, la
elevación de las piernas («posición de navaja») nos permitirá
alcanzar el éxito deseado.

**Paciente con paro
respiratorio y circulatorio:**

**Colocarlo tumbado con la
espalda recta.**

Se aconseja colocar al paciente sobre una superficie dura, lo
que permite que las medidas de reanimación cardiaca y pulmonar que deben adoptarse inmediatamente, sean más efectivas.

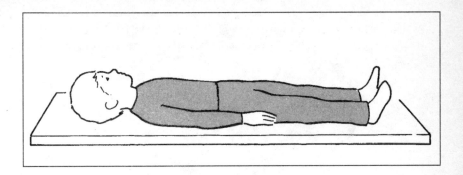

Advertencias:

Aquellos accidentes (de tráfico) que indiquen que puede haberse producido alguna lesión en la columna vertebral, requieren extrema precaución. En estos casos sería aconsejable, colocar al accidentado sobre una colchoneta de vacío desinflada, que suelen llevar todas las ambulancias. Hasta el momento de colocarlo sobre dicha colchoneta, intentar no mover al paciente, procurando por supuesto, que nada obstaculice su respiración.

Paciente inconsciente: **Posición ladeada y estable.**

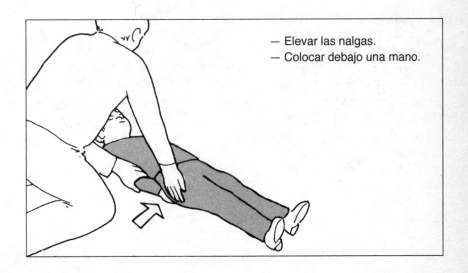

— Elevar las nalgas.
— Colocar debajo una mano.

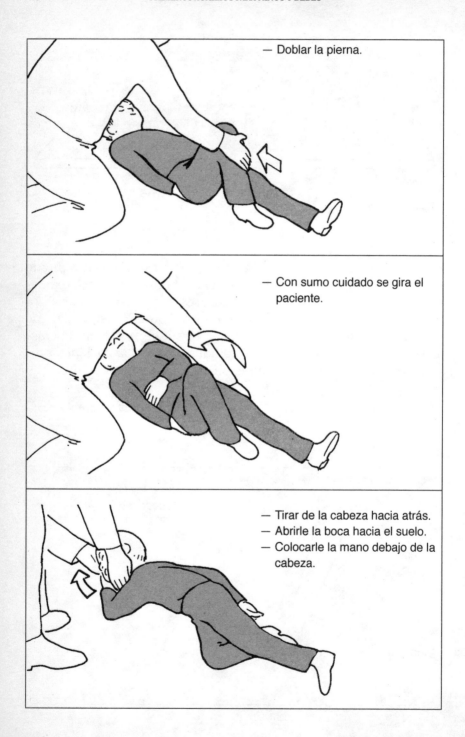

— Doblar la pierna.

— Con sumo cuidado se gira el paciente.

— Tirar de la cabeza hacia atrás.
— Abrirle la boca hacia el suelo.
— Colocarle la mano debajo de la cabeza.

Mediante esta posición se impide que los posibles vómitos, mucosas, sangre, etc... penetren en las vías respiratorias. Debemos procurar la hiperextensión de la cabeza del paciente inconsciente hasta la nuca (de esta forma, las vías respiratorias quedan libres) y que la boca sea girada levemente hacia el suelo (así pueden fluir, por ejemplo, las mucosas de la boca).

Hemorragias

Las hemorragias intensas en chorro o continuas entrañan siempre un riesgo de choque debido a la pérdida de volumen sanguíneo. Se ha de tener en cuenta que, en lactantes o en niños de corta edad, incluso pérdidas de sangre relativamente pequeñas pueden tener consecuencias bastante graves (por ejemplo, en un lactante con un peso de 10 kilogramos, la pérdida de

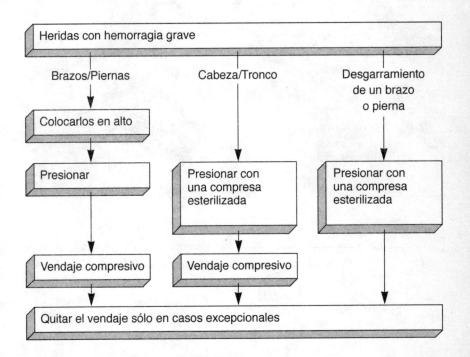

50-100 mililitros de sangre puede provocar la aparición de síntomas de choque).

Medidas:

— Intentar contener la hemorragia.
— Inclinar al paciente hacia delante, combatir el choque.
— **Llamar al médico de urgencias** (a través de una tercera persona).

Colocación de un vendaje compresivo:

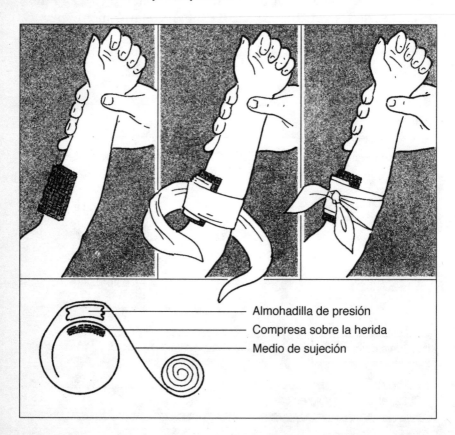

Almohadilla de presión
Compresa sobre la herida
Medio de sujeción

Advertencias:

En el caso fracturas óseas o al penetrar cuerpos extraños en la herida, no se debe de hacer uso de vendajes compresivos. Lo único que resulta eficaz es un torniquete.

Normalmente sólo se debería practicar un torniquete en los siguientes casos:

— Cuando ya la sangre ha traspasado dos vendajes compresivos.

— Cuando debido a lesiones que precisan amputación, la hemorragia no puede ser contenida, ejerciendo presión por medio de una compresa esterilizada.

Los torniquetes sólo se pueden realizar en los brazos o muslos, ya que en estas regiones del cuerpo las arterias pueden ser presionadas contra los huesos. Para ello sería recomendable utilizar un soporte lo más grande posible (un pañuelo en triangulo), que tiene que ejercer tanta presión que se logre contener la hemorragia. Si el soporte resulta excesivamente pequeño, se pueden llegar a lesionar determinadas arterias. Dado que, con el torniquete, la sangre deja de circular por toda la extremidad y éste solamente debe de mantenerse durante un tiempo limitado, se debe de anotar la hora exacta de su colocación.

Choque (Shock)

Gran número de enfermedades agudas y trastornos pueden conducir al cuadro sintomático de un choque. Todas estas enfermedades y trastornos presentan una característica en común: se suele producir una desproporción entre la cantidad de sangre circulante requerida y el volumen sanguíneo real. Si los factores que desencadenan este desequilibrio no son eliminados de inmediato y no se toman las medidas apropiadas, la falta de oxígeno en los tejidos puede producir un daño en determinados órganos del cuerpo (por ejemplo, riñón, pulmones, hígado) que puede resultar en un principio reversible, aunque más tarde puede tener consecuencias irreversibles.

Advertencias:

Un choque que está comenzando a manifestarse se puede determinar a través de unas características que son fácilmente detectables. Según cual sea la causa desencadenante, los síntomas serán diferentes. A continuación se describe la sintomatología de las dos formas de choque más frecuentes que se suelen dar en niños.

Los cuatro tipos de choque más importantes son:

Características	**Medidas:**
De un choque hipovolémico y de una reacción de hipersensibilidad:	Colocación en el caso, por ejemplo, de hipovolemia:

— Pulso rápido, débil.
— Piel fría y pálida.
— Inquietud, o también inconsciencia.
— Vasoconstricción.
— Descenso de la presión arterial.

— Posición de choque con las piernas elevadas.
— En el caso de hemorragia, intentar evitar que continúe la pérdida de sangre de la forma más apropiada.
— Controlar que el paciente reciba suficiente aire; si es posible, suministrarle oxígeno.
— Tranquilizar al paciente; la inquietud, el miedo y los dolores favorecen el estado de choque.
— En caso de paro circulatorio: medidas de reanimación cardíaca (véase pág. 89).
— Inmediatamente **llamar al médico de urgencias**.

Choque hipovolémico

Es debido a hemorragias o a pérdidas de líquido (por ejemplo, debido a fuertes diarreas, después de haber sufrido quemaduras). Cuanto menor es un niño, menores son las cantidades de líquido perdido que pueden conducir a un cuadro sintomático de choque. El tratamiento de este tipo de choque consiste en aportar al paciente suficientes cantidades del líquido perdido (sangre, soluciones de albúmina, etc.).

Reacciones de hipersensibilidad (choque anafiláctico)

En esta forma de choque, aumenta fuertemente la permeabilidad de los pequeños capilares sanguíneos del cuerpo, debido a una reacción alérgica frente a proteínas animales (por ejemplo, el veneno de las abejas o avispas), medicamentos u otras sustancias. De esta forma, pueden abandonar el sistema vascular grandes cantidades de líquido («hemorragia hacia dentro») y producir los síntomas de un choque hipovolémico. El tratamiento más adecuado para este tipo de choque consiste en administrar rápidamente grandes cantidades de líquido al paciente (a través de una transfusión), además de aplicar respiración asistida y masaje cardiaco.

Fallo cardiaco (choque cardiogénico)

En esta forma de choque, debido a un fallo en la función de bombeo del corazón, el organismo no transporta suficiente volumen de sangre. Como resultado, se produce «cuasi» un estancamiento de la sangre antes del corazón (en este caso, y al contrario de otras formas de choque, las venas yugulares se encuentran con frecuencia repletas). La causa más habitual es un infarto de miocardio, por lo que esta forma es realmente rara en la infancia.

Choque séptico

En casos de graves enfermedades infecciosas, las «sustancias tóxicas» (las llamadas endotoxinas), secretadas por algunas bacterias al organismo del paciente, también pueden desencadenar una sintomatología de choque. Estas endotoxinas provocan al principio un aumento de la frecuencia cardiaca y de la presión arterial. Como resultado, se produce un aumento de la circulación cutánea periférica (piel enrojecida y caliente). En una evolución posterior, también se produce un fallo de la función cardiocirculatoria.

Además de la respiración asistida y del masaje cardiaco, la terapia consiste en un tratamiento antibiótico inmediato y en dosis elevadas. Esta forma de choque es extremadamente rara; hay que considerar, igualmente, que la mayoría de las infecciones de la infancia no son provocadas por bacterias, sino por virus.

Respiración artificial
y reanimación cardiopulmonar

Observación previa:

La técnica de la respiración artificial y de la reanimación cardiopulmonar no se puede aprender desde el punto de vista teórico. Tan sólo se podrá dominar gracias a una instrucción cualificada y a un ensayo regular, hasta tal punto que en una situación grave pueda salvarse la vida de un ser humano.

Función de la respiración y del sistema cardiocirculatorio

Ambos sistemas de órganos tienen como principal función el suficiente abastecimiento de oxígeno a cada célula del organismo y la eliminación del dióxido de carbono que se produce en determinados procesos metabólicos. El oxígeno se necesita como fuente de energía, sin oxígeno la vida no sería posible. En el caso de paralización del proceso respiratorio o de la circulación sanguínea durante más de tres a cuatro minutos, se pueden producir daños irreversibles en el organismo.

Si tiene lugar un paro respiratorio repentino, el corazón sigue latiendo todavía durante unos tres a cuatro minutos. Durante este periodo de tiempo aún se puede sentir el pulso. Pero en el caso de que se produzca primero un paro cardíaco, la respiración cesa después de tan sólo 30 a 60 segundos.

De todo ello se puede deducir que, después de un incidente grave en el que tiene lugar un paro respiratorio y/o cardiaco (accidente grave, en adultos infarto), por regla general, *solamente se dispone de tres a cuatro minutos*, durante los cuales, gracias a la aplicación correcta de unos primeros auxilios, la vida del ser humano accidentado puede ser salvada. Durante este periodo de tiempo tan corto resulta prácticamente imposible disponer de la ayuda de un médico en el lugar del accidente. Por tanto, la calidad de las medidas de primeros auxilios llevadas a cabo por las personas auxiliadoras deciden sobre la vida y la muerte.

Paro respiratorio y respiración artificial

En niños hay que tener en cuenta las siguientes peculiaridades:

Un paro respiratorio y/o cardiaco grave tiene lugar fundamentalmente como consecuencia de un accidente (de tráfico) de suma gravedad. En este caso se trata de reanimar a un niño que hasta ese momento poseía un corazón y unos pulmones sanos, mientras que en el caso de un infarto, por ejemplo, a través de la reanimación se intenta hacer latir de nuevo un corazón gravemente dañado. Por lo tanto, en niños, una reanimación llevada a cabo a tiempo y bien dirigida tiene mayores perspectivas de éxito que en adultos.

Sin embargo, las exigencias de las que es objeto una primera persona auxiliadora que debe reanimar a un niño son bastante duras. Si el reanimador aplica a un niño de dos años de edad la misma técnica de masaje cardiaco que es adecuada para un adulto, seguramente le producirá graves lesiones internas. O, en el caso de que intente reanimar a ese niño por medio de respiración artificial como si se tratara de un adulto, puede insuflar demasiado aire en sus pulmones y estómago, lo cual puede tener unas consecuencias fatales. Solamente a través de un curso en el que se experimente con modelos de prueba, se podrán aprender los requisitos técnicos que resultan indispensables para poder reanimar con éxito a un niño.

Causas:

Con frecuencia, un paro respiratorio tiene lugar debido al bloqueo de las vías respiratorias superiores, por ejemplo, por volverse la lengua hacia atrás, existir cuerpos extraños en la boca o en la región de la faringe.

Cómo se reconoce un paro respiratorio:

— No se observa movimiento respiratorio del tórax.
— No se oye el sonido de la respiración.
— No se percibe el aire de la inspiración.
— Creciente cianosis en los labios y en las mucosas.
— El paciente está inconsciente (no reacciona al dolor, no se le puede despertar).

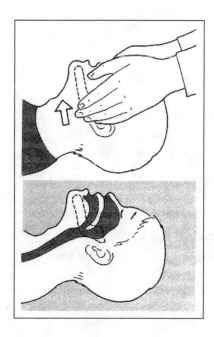

Medidas:

1. **Despejar las vías respiratorias.**

— Rodear los dedos índice y corazón con un trozo de tela. Abrir la boca y rápidamente limpiar su interior y la región de la faringe. Retirar cuerpos extraños, sangre y vómitos. **¡No perder el tiempo!** No se trata de conseguir que la boca quede perfectamente limpia, sino de hacer posible que el paso del aire respirado quede libre, sin obstáculos.

— Hiperextensión de la cabeza hacia la nuca, pero sin emplear la violencia (así conseguimos que la lengua que se ha podido quedar plegada hacia atrás, vuelva a su lugar).

— Extender la mandíbula inferior hacia delante hasta que la fila de dientes de dicha mandíbula se quede por delante de la fila de dientes de la mandíbula superior. (Manipulación de Esmarsch, véase figura). Solamente haciendo uso de esta medida en pacientes que han sufrido un paro respiratorio, se puede conseguir reestablecer una respiración espontánea suficiente.

— Dejar la boca un poco entreabierta para que, en el caso de que las vías nasales se queden bloqueadas, el paciente pueda seguir respirando.

Si después de haber liberado las vías respiratorias no se produce ninguna o una respiración espontánea insuficiente, hay que reanimar al paciente por medio de la respiración artificial.

Medidas:

2. Respiración artificial.

En *lactantes*, el método más eficaz es la **respiración boca a boca y boca-nariz**.
En todos los demás niños, el método que se ha de utilizar con prioridad es **la respiración boca-nariz** por las siguientes razones:

— Desde el punto de vista técnico, este tipo de respiración

es más sencillo que la respiración boca a boca. Para una persona inexperta resulta más fácil taponar la nariz que la boca.

— El riesgo que supone que el estómago se llene excesivamente de aire, lo que puede conducir a tener vómitos, se ve reducido.

— Las vías respiratorias quedan abiertas o libres —como describíamos anteriormente— de una forma más segura que en el caso de la respiración boca a boca.

La respiración boca a boca se recomienda tan sólo en el caso de lesiones o enfermedades que afecten a la nariz.

Técnica de la respiración boca-nariz:

El reanimador se ha de colocar a un lado del paciente. En este caso, la forma en que tiramos de la mandíbula inferior hacia delante, no se lleva a cabo a través de la técnica de manipulación de Esmarsch, sino de la siguiente manera:
Se coloca una mano en la zona entre la frente y el cuero cabelludo y la otra por debajo de la barbilla. La segunda mano tira de la mandíbula inferior hacia delante; al mismo tiempo, colocando el labio inferior hacia arriba, se cierra fuertemente la boca.

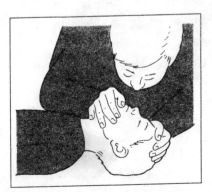

A continuación, y con la boca
abierta de nuevo, taponamos las
fosas nasales del paciente
y le insuflamos aire.

Con respecto a la **frecuencia con que se ha de realizar este tipo de respiración artificial y a la fuerza del aire insuflado,** exponemos a continuación los siguientes datos a tener en cuenta (tomamos como persona de referencia a un adulto «normal» que en reposo respira unos 500 mililitros de aire).

Lactantes: de 30-40 ventilaciones por minuto (eso significa, cada 1,5 a 2 segundos). Para realizar una ventilación se necesitan 60 a 100 mililitros de aire (¡ello equivale aproximadamente al contenido de aire que cabe en la cavidad bucal de un adulto!).

Niños de corta edad: 20 a 30 ventilaciones por minuto (esto significa cada 2 segundos aproximadamente). Cantidad de aire 100 a 150 mililitros por ventilación.

Niños en edad escolar: 15 a 20 ventilaciones por minuto (es decir cada 3 a 4 segundos). La cantidad de aire insuflada equivale a 200 a 400 mililitros por ventilación.

Adultos: 10 a 12 ventilaciones por minuto (es decir cada 5 a 6 segundos). La cantidad de aire insuflada es de unos 800 mililitros por ventilación.

3. Control de efectividad

Los datos citados anteriormente son sólo aproximados. Para que una respiración artificial sea efectiva, después de cada ventilación el tórax debe elevarse. Esto se controla de la siguiente manera:

Control de la respiración asistida:

— Después de cada ventilación, el reanimador ha de separar la boca de la nariz y volver la cabeza hacia un lado.

— De esta manera se podrá observar si el tórax desciende, verificando así la efectividad de la respiración asistida.
— El aire «insuflado» puede escaparse a través de la nariz, después de separarse de la boca.

Control del pulso:

— Lo mejor es que lo lleve a cabo un segundo ayudante.
— Si después de las tres primeras ventilaciones, no se percibe pulso alguno, se debe comenzar con un masaje cardiaco como medida adicional (véase pág. 101).

Si se puede percibir pulso en el paciente, después de unas pocas ventilaciones, pero realizadas correctamente, se observará un retroceso en los síntomas del paro respiratorio, por ejemplo, en la cianosis de las mucosas.

4. Duración de la respiración

En cuanto el paciente muestre señales de poder respirar suficientemente y por sí mismo, se puede dar por finalizada la respiración artificial. En caso contrario, se deben seguir realizando dicha respiración (y masaje cardiaco) hasta que llegue un médico.

5. Riesgos de la respiración artificial

Sobre todo en el caso de lactantes y niños pequeños, debido a una cantidad de aire demasiado grande o a haberle insuflado el aire con excesiva fuerza, los pulmones pueden resultar gravemente dañados. En este caso, incluso existe la posibilidad de que determinadas zonas de los pulmones lleguen casi a «explotar» y hacer de esta forma imposible la respiración.

Una segunda fuente de peligro es el aire que penetra en el estómago. Esto puede ser provocado por una mala postura de la cabeza; este aire puede desencadenar vómitos, y de esta forma el contenido del estómago puede llegar hasta los pulmones, lo cual conduce a una grave pulmonía.

Resumen de la respiración artificial:

1. Liberar las vías respiratorias

— Abrir la boca.
— Hiperextensión de la cabeza.
— Estirar la mandíbula inferior hacia delante.

2. Respiración boca-nariz

— Elegir la fuerza y la frecuencia que corresponda con la edad.

3. Control de efectividad

— Elevación y descenso del tórax.
— Rápido retroceso de los síntomas del paro respiratorio.

4. Duración

— Hasta que el paciente respire suficientemente y por sí mismo.
— Hasta que llegue el médico.

5. Riesgos

— «Explosión» de determinadas partes de los pulmones.
— Provocar vómitos.

Paro circulatorio y reanimación cardiopulmonar

Bajo el término de reanimación cardiopulmonar, se entiende el restablecimiento de un proceso circulatorio «mínimo»:

Reconocimiento:	Medidas:
— El paciente está inconsciente.	— Despejar las vías respiratorias véase pág. 94).
— Paro respiratorio.	— Respiración artificial (véase pág. 97).
— Ausencia de pulso arterial.	— Masaje cardiaco dependiendo de la edad (véase pág. 101).

Las zonas más apropiadas para tomar el pulso son:

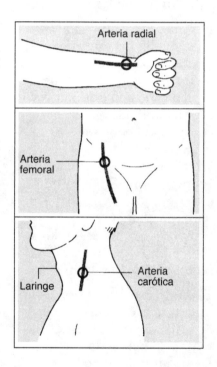

Para tomar el pulso se deben utilizar los dedos índice y corazón: si se utiliza el dedo pulgar, se percibe el propio pulso.

Técnica del masaje cardiaco:

A través de ejercer una compresión con la palma de la mano sobre el esternón, se comprime el corazón contra la columna vertebral (el llamado masaje cardiaco). De esta forma se consigue establecer un flujo sanguíneo dirigido hacia la circulación pulmonar y del organismo. Si al mismo tiempo se lleva a cabo una ventilación correcta, la sangre se satura con suficiente oxígeno y las funciones del organismo pueden mantenerse activas durante un cierto espacio de tiempo.

El **masaje cardiaco** se realiza de la siguiente manera, teniendo en cuenta las diferentes edades del paciente:

Lactantes:

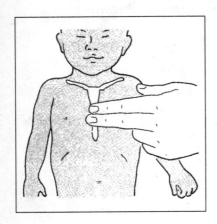

El punto de compresión es la zona media del esternón (aproximadamente a la altura de los pezones). El masaje se lleva a cabo con dos dedos y la «profundidad» de la compresión debe ser entre 1,5 y 2,5 centímetros.
La frecuencia del masaje: 100 «compresiones» por minuto: esto significa, aproximadamente, dos compresiones por segundo.

Niños de corta edad:

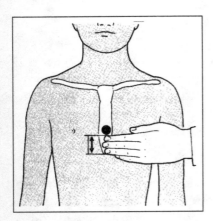

El punto de compresión es la mitad inferior del esternón. Se utiliza para realizar el masaje la palma de la mano. La «profundidad de la compresión» ha de ser entre 2,5 y 4 centímetros.
La frecuencia del masaje: entre 80 y 100 «compresiones» por minuto, lo que significa tres compresiones cada dos segundos.

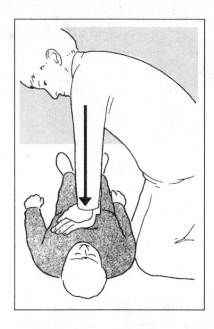

Niños en edad escolar a partir de 8 años y adultos:

El punto de compresión se encuentra tres dedos (aprox. 4 centímetros) por encima del lugar donde confluyen los arcos costales inferiores. Se ha de comprimir, colocando la palma de una mano sobre la otra con los codos estirados perpendicularmente desde arriba; la «profundidad de la compresión» debe ser de 4 a 5 centímetros.
La frecuencia del masaje: 80 compresiones por minuto.

Control de la efectividad del masaje cardiaco:

Cuando se lleva a cabo un masaje cardiaco correctamente, el pulso de las arterias femoral y carótida se puede sentir durante la compresión.

Respiración artificial y masaje cardiaco simultáneo

Lo ideal es disponer de **dos ayudantes** en el lugar del accidente, de tal forma que mientras uno de ellos realiza la respiración artificial, el otro lleva a cabo el masaje cardiaco. En este caso, la respiración artificial ha de tener lugar dos veces primero y a continuación se van alternando cinco masajes cardiacos y una respiración artificial. Esto significa, que durante una respiración artificial no se realizará el masaje cardiaco y viceversa.

El tiempo que ha de transcurrir entre la respiración artificial y el masaje cardiaco debe ser de aproximadamente un segundo.

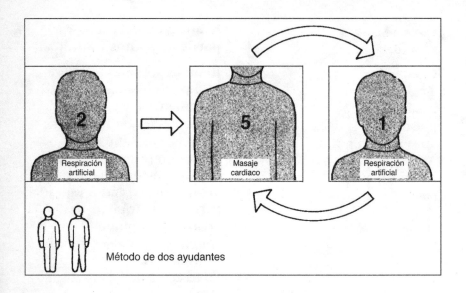

Si tan sólo se dispone de **un ayudante**, después de dos respiraciones artificiales se han de realizar 15 masajes cardiacos. El espacio de tiempo que ha de transcurrir entre el masaje cardiaco y la respiración artificial ha de ser en este caso también de un segundo. En lactantes, a un solo ayudante también le será posible alternar cinco masajes cardiacos y una respiración artificial.

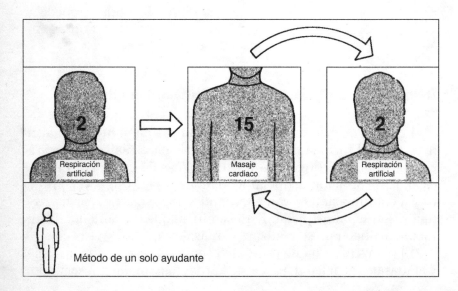

Control de las medidas

Cuando las medidas se llevan a cabo de forma correcta, es posible sentir de nuevo el pulso en los puntos más apropiados para ello. Asimismo, al poco tiempo la respiración autónoma del paciente se ve reestablecida.

Duración de las medidas de reanimación

Al igual que en la respiración artificial, las medidas de reanimación se han de llevar a cabo hasta que el paciente sea capaz de respirar suficientemente y por sí mismo y su pulso se vuelve regular. Si esto no ocurre, se deben seguir realizando hasta que se produzca la **llegada de un médico de urgencias**.

Resumen de la reanimación cardiopulmonar:

Despejar las vías respiratorias

— Abrir la boca.
— Hiperextensión de la cabeza.
— Estirar la mandíbula inferior.

Respiración boca-nariz

— Elegir la fuerza y la frecuencia acordes con la edad del paciente.

Masaje cardiaco

— Elegir el punto de compresión, la fuerza y la frecuencia de dicha compresión que correspondan con la edad del paciente.

Control de efectividad

— Reestablecimiento de la respiración.
— Se vuelve a sentir el pulso.

Duración

— Hasta que se reestablezcan la respiración espontánea y el pulso.
— Hasta que acuda el médico de urgencias.

Traumatismos craneales y conmoción cerebral

Los traumatismos craneales son frecuentes en niños: por una parte, son ocasionados por accidentes domésticos (caída desde la mesa donde se le cambian los pañales, desde un patinete o desde la bicicleta), y por otra parte, por accidentes de tráfico. Con frecuencia se dan:

— *Lesiones* con heridas *sangrantes*. Los niños **no** están **inconscientes,** sino que suelen llorar mucho.

La piel que cubre los huesos craneales está fuertemente irrigada. Las heridas en esta zona suelen conducir a hemorragias continuas, siendo necesaria la aplicación de puntos de sutura. La primera medida que se ha de poner en práctica en estos casos consiste en ejercer presión sobre la herida con una compresa esterilizada. De esta forma se cortará la hemorragia, pero, además, se recomienda consultar con un médico. Por motivos de estética, la cura correcta de heridas en el área facial resulta indispensable.

— *Lesiones que se caracterizan por una pérdida del conocimiento* (la llamada **conmoción cerebral**).

Reconocimiento:
— Secuencia del accidente.
— Pérdida del conocimiento.

Medidas:
— En el caso de estar consciente: Elevar la parte superior del cuerpo (véase pág. 73).

— Lagunas en la memoria.
— Sensación de malestar que provoca vómitos.
— Dolores de cabeza.
— Fatiga, somnolencia, apatía.

— En el caso de que el paciente esté inconsciente, pero siga respirando: Lateralización estable (véase págs. 75 y 76).

Además:

— Pulso lento, irregular.
— Descenso de la presión arterial.
— Respiración irregular, jadeante.
— Piel pálida, fría, con frecuencia húmeda.

— En caso de inconsciencia sin respiración autónoma: Respiración artificial/ reanimación cardiopulmonar (véase pág. 87).
— Un niño con los síntomas propios de una *conmoción cerebral* deberá ser conducido inmediatamente a un médico.
— En el caso de un *niño inconsciente* se ha de avisar de inmediato a un **médico de urgencias**.

Advertencias:

Un golpe/traumatismo en los huesos craneales provoca una «conmoción» cerebral; es como si el cerebro fuese presionado prácticamente desde el interior hacia los huesos del cráneo. Esta presión puede provocar automáticamente un bloqueo inmediato de las funciones cerebrales, y esto se manifiesta en la pérdida del conocimiento.

Resulta muy importante el hecho de que, en edad infantil, un accidente en el que se ve implicado el cerebro **es más raro** que traiga consigo una **pérdida del conocimiento** que en el caso de un adulto que haya sufrido un accidente de características similares.

Un niño que se queda **inconsciente** después de haber sido víctima de un accidente que haya afectado al cráneo, debe ser

TRAUMATISMOS CRANEALES Y CONMOCIÓN CEREBRAL

llevado a un hospital para su reconocimiento inmediato por un **médico de urgencias.** Mediante un tratamiento adecuado, que además de un control de los puntos antes citados y, dependiendo del estado del niño, incluye la respiración artificial y la medición de la presión cerebral, hoy en día se puede estar en disposición de evitar posibles secuelas o reducir éstas al mínimo.

Lesiones de huesos y articulaciones

Fracturas óseas

Las fracturas óseas en niños de corta edad son más bien poco frecuentes. Esto se debe a la gran elasticidad de los huesos infantiles.

Reconocimiento:

— Secuencia del accidente.
— Posición anormal.
— Dolores.
— Inflamación.
— Movilidad anormal.
— Posición de protección.

Medidas:

— Tranquilizar al niño.
— Amortiguar y colocar en posición de reposo el lado afectado, además de las dos articulaciones más próximas.
— No intentar moverlo o sobrecargarlo.
— Llamar a una ambulancia.

Luxaciones

En niños se ve afectada sobre todo la articulación del codo. Un mecanismo típico de accidente consiste en que un niño, al que se le tiene cogido de la mano, se nos escurre o tira bruscamente de nosotros.

Reconocimiento:

— Secuencia del accidente.

Medidas:

— Colocar al paciente en posición inmóvil.

— Posición anormal.
— Movilidad de la
articulación muy
restringida.
— Dolores.

— No intentar encajar la
articulación de nuevo en
su sitio.
— Llevar al niño
inmediatamente al
médico.

Distensiones, esguinces/distorsiones

Este tipo de lesiones que suelen ser muy frecuentes en adultos, en niños son más bien raras.

Reconocimiento:

— Secuencia del accidente
— Inflamación.
— Dolores.

Medidas:

— Aplicar una pomada que
se utiliza en lesiones
deportivas.
— Colocar un vendaje de
sujeción.
— En el caso de fuertes
dolores o de extensa
inflamación, reconocer
por rayos X para poder
determinar si se trata o no
de una fractura.

Lesiones oculares

Las lesiones oculares son especialmente peligrosas, ya que aunque se trate de pequeñas lesiones, éstas pueden conducir a daños importantes que pueden dejar secuelas graves e incluso a limitaciones en la capacidad visual.

Principales causas:

— Manejo incorrecto de objetos punzantes o afilados.
— Desconocimiento del efecto de sustancias cáusticas.
— Desconocimiento del efecto de fuegos artificiales y objetos explosivos.

Lesiones producidas por ácidos, lejías, calcio o cemento:

Medidas:

— Retirar cuidadosamente los fragmentos de cal o cemento, con ayuda, por ejemplo, de la punta de un pañuelo limpio doblado, limpiando así la conjuntiva ocular.
— Lavar los ojos de forma inmediata e intensa con agua corriente.
— Dirigir el chorro de agua directamente hacia el ojo, con el fin de disolver y eliminar lo más rápidamente posible restos de ácidos o lejías.

¡El agua con el que lavamos el ojo no debe penetrar en la boca o en la nariz!
Al mismo tiempo, abrir lo más que se pueda los párpados (en el caso de dolor, cerrar fuertemente el ojo). Para evitar que los dedos con los que estamos intentando mantener los párpados húmedos abiertos se escurran, se puede utilizar un pañuelo o un vendaje oclusivo.

Lesiones del globo ocular y de los párpados:

Medidas:

— No tratar al paciente de forma atropellada y precipitada en el lugar del accidente. Un vendaje protector es suficiente.
— En el caso de que se produzcan hemorragias en la zona de los párpados, es necesario colocar un vendaje compresivo sobre la herida.
— Después de haber llevado a cabo unos primeros auxilios, llevar al herido **inmediatamente** a un oculista.

Lesiones internas (traumatismo abdominal)

El tipo de accidente más frecuente que provoca estas lesiones internas, es la caída de la bicicleta «clavándose» en ocasiones el manillar en el vientre. Exteriormente, tan sólo se puede observar un raspado de la piel pequeño y redondo. Pero el mayor peligro son, sin embargo, las lesiones internas.

Puede conducir a lesiones en la región del bazo, del hígado, del páncreas y de los riñones. En el peor de los casos, se pueden producir fuertes hemorragias en estos órganos, que pueden poner en peligro la vida del herido, lo que requeriría una intervención quirúrgica inmediata.

Por tales motivos, un niño que haya sufrido un accidente de este tipo, debe permanecer por lo menos 24 horas en observación en la clínica que corresponda. Por medio de la técnica de ultrasonidos se pueden observar de una forma indolora y exenta de riesgo los órganos internos, permitiéndonos también determinar si se ha producido una hemorragia interna. Los reconocimientos se han de repetir cada cierto tiempo, ya que en ocasiones las hemorragias se pueden detectar con claridad después de varias horas.

Pérdida de miembros

Gracias a los grandes avances técnicos de la microcirugía actual (es decir, operar con la ayuda de un microscopio), es en parte posible, «coser» de nuevo en su lugar de origen miembros que se han desgarrado, como, por ejemplo, un dedo a una mano. Para que una intervención de este tipo alcance las perspectivas de éxito deseadas, hay que tener en cuenta determinadas condiciones a la hora de prestar los primeros auxilios:

Tratamiento del muñón (es la parte que queda en el cuerpo):

— Intentar cortar la hemorragia con ayuda de un vendaje compresivo (véase pág. 87).
— Por lo demás, no llevar a cabo ninguna otra medida en el muñón.
— Vendar tan sólo en caso extremo la extremidad afectada (cuando el paciente corre el riesgo de desangrarse).

Tratamiento del miembro amputado (es la parte desgarrada):

Situación ideal:

— Envolver el miembro en compresas húmedas, previamente sumergidas en una solución salina del 0,9 por 100.

— Guardarlo en una bolsa
de plástico impermeable y
colocar ésta en hielo
(a una temperatura de
+ 4 grados, hay una
posibilidad de
supervivencia de unas 20
horas).

Pero como en un caso normal no se suele disponer de compresas húmedas, de una bolsa impermeable, ni de hielo, para unos primeros auxilios son válidas las siguientes reglas:

Poner en un lugar seguro el miembro amputado. Para cogerlo, utilizar a ser posible una venda esterilizada (un pañuelo limpio) o intentar tocarlo en la parte más alejada de la región donde se ha producido el corte.

— No intentar limpiar el miembro.
— Colocar el miembro amputado sin presionarlo entre compresas esterilizadas (que suele haber en cualquier botiquín de coche).
— Avisar al **servicio de urgencias**, advirtiéndoles que se trata de un accidente con amputación de miembro.

Lesiones mandibulares

A través de una caída o de un golpe se pueden producir la siguientes **lesiones en los dientes:**

Pérdida de un diente:

Se ha de llevar al niño rápidamente a un dentista. El diente caído debe ser guardado, envuelto en un pañuelo esterilizado y entregado al dentista. El que un diente sea implantado de nuevo o no, depende de la edad del niño (diente de leche o definitivo) y de qué tipo de diente se haya caído (diente incisivo, canino). Además, es necesario que el dentista examine detalladamente la herida para comprobar si ha sido infectada por cuerpos extraños.

Lesiones en la raíz dental:

También puede ocurrir, que un diente, que a primera vista parece no haber sufrido daño alguno, haya resultado afectado igualmente por el golpe o la caída. Por ejemplo, debido a una posible lesión en la zona radicular de un diente, éste puede empezar a ennegrecerse en un futuro. Por esta razón, en este caso también es aconsejable la visita a un dentista.

Lesiones producidas por animales: insectos, garrapatas, serpientes

Mordeduras de animales

Las mordeduras de animales pueden tener numerosas consecuencias. Existe **un riesgo general de infección**: A través de la saliva del animal se pueden transmitir a la herida muchos agentes patógenos. Por esta razón, una herida de este tipo no debe ser cosida, ni grapada; se debe facilitar la supuración de la herida.

Medidas:

— Curar la herida siguiendo las normas básicas para el tratamiento de heridas (véase pág. 126).
— Verificar si existe suficiente protección contra el tétanos (véase pág. 129).

También hay que contar con la posibilidad de la **rabia**: la rabia es una enfermedad vírica, que en caso de afectar al sistema nervioso, puede ser mortal si no se aborda un tratamiento adecuado.

Los virus pueden ser transmitidos por todos los vertebrados de sangre caliente, en la mayoría de los casos por el zorro, gato y perro.

La transmisión tiene lugar por medio de la mordedura de un animal enfermo, y más concretamente, a través de su saliva. Solamente en casos excepcionales, la transmisión se puede producir sin que tenga lugar una mordedura, por ejemplo, por haber lamido algún objeto. La piel no lesionada ofrece una protección segura.

El periodo de incubación (tiempo transcurrido entre la mordedura y la aparición de los primeros síntomas de la enfermedad) suele oscilar entre uno y tres meses, y en casos extremos hasta de ocho meses. Cuanto más cerca se encuentre la vía de entrada del virus del cerebro, más corto será el tiempo de incubación; por ello, la mordeduras en la cara son en general bastante peligrosas.

El único tratamiento posible en el caso de una mordedura, consiste en vacunar al niño a tiempo.

Por esta razón, después de una mordedura o de un «lametazo» de un animal huidizo, como puede ser un zorro o un ciervo, se debe acudir inmediatamente al médico de cabecera o al pediatra. En función de la información local aconsejará o no la vacunación.

¡Debido al riesgo mortal que conlleva la enfermedad de la rabia, en caso de duda siempre se vacunará!

Picaduras de insectos

Picaduras en la zona de la boca y de la faringe

A través de una picadura de insecto en la mucosas bucales que están fuertemente irrigadas, puede producirse una inflamación de tal calibre que el niño sufra el riesgo de ahogarse. En el caso de lactantes y de niños

Medidas:

— Refrescar inmediatamente tanto interior como exteriormente (bebidas frías, compresas frías).
— Elevar la parte superior del cuerpo.
— Tranquilizar al niño.

de corta edad el riesgo es aún mayor que en adultos.

— Avisar al **médico de urgencias** (preferiblemente a través de una tercera persona).

Picaduras en el resto del cuerpo

La picadura de un insecto en el resto del cuerpo no entraña peligro vital, en tanto que la persona no se muestre alérgica al insecto. Se ha comprobado que aproximadamente un 1 por 100 de la población, reacciona de forma alérgica frente a la picadura de una abeja, avispa o abejorro. De cualquier forma, no todas las reacciones alérgicas ponen en peligro la vida de la persona (véase pág. 59).

Cómo se reconoce una reacción alérgica

(clasificadas según el grado de gravedad):
— Enrojecimiento de la piel, que abarca una zona que va más allá del foco donde se ha producido la picadura.

Medidas a tomar en el caso de una alergia desconocida o que no se manifiesta:

— En el caso de que esté presente, retirar el aguijón; no extraerlo con los dedos, sino rasparlo con la uña del dedo.
— Enfriar con compresas.
— Utilizar determinadas pomadas (las llamadas pomadas antihistamínicas) para calmar la sensasación de quemazón o de picor.

Medidas:
— Tranquilizar al niño.
— Compresas frías.
— Control del pulso, de la respiración y de la consciencia del paciente.
— Colocar al paciente como corresponde (véase pág. 73 y ss.).

— Formación de habones (inflamaciones), que se extienden más allá de la zona donde se ha producido la picadura o que aparecen incluso en otras zonas del cuerpo.
— Sensación de picor, en ocasiones por todo el cuerpo.
— Dificultad respiratoria.
— Síntomas de conmoción.

— En caso de paro circulatorio: llevar a cabo medidas de reanimación, si se observa **dificultad respiratoria**, inconsciencia y síntomas de conmoción.

A personas que manifiestan una alergia que puede conllevar un riesgo mortal, se les proporciona un equipo de primeros auxilios. Éste contiene un aparato para «succionar» el veneno del insecto, mitigando de esta manera la reacción. Si la succión se lleva a cabo con la boca, tan sólo se consigue eliminar una cantidad muy pequeña de veneno.

Mordeduras de garrapatas

Reconocimiento:

Mientras que la cabeza de la garrapata penetra profundamente en el interior de la piel, el resto de su cuerpo queda expuesto hacia el exterior y es perfectamente visible.

Medidas:

Antiguamente se le daba especial importancia al hecho de extraer la garrapata entera. Se aconsejaba untar el cuerpo de la garrapata con pegamento o aceite para que el animal abra su mandíbula y su aparato bucal. Hoy en día, se sabe que lo que se consigue en realidad, es que el cuerpo de la garrapata secrete determinadas sustancias en la herida y posiblemente

también el agente patógeno
que provoca la **borreliosis**.
Por esta razón, actualmente
se aconseja intentar la
extracción de la garrapata de
la herida con mucho cuidado
y sin tratar al animal antes; si
la cabeza se desgarra del resto
del cuerpo, esto será menos
grave que si la garrapata
secreta sustancias nocivas al
sentirse ahogada.

A través de la mordedura de una garrapata, se pueden transmitir al hombre **dos tipos de enfermedades muy diferentes:**
La enfermedad transmitida con mayor frecuencia por cualquier tipo de garrapata, contra la que no existe una vacuna eficaz, es la **borreliosis.** Sin embargo, un tratamiento con antibióticos y aplicado a tiempo puede evitar que dicha enfermedad tenga consecuencias graves.

Por regla general, los síntomas comienzan a manifestarse pasadas de 4 a 8 semanas, y en casos de una infección grave, de 1 a 2 semanas después de haberse producido la mordedura. El afectado siente dolores de cabeza, tiene fiebre, malestar, erupciones cutáneas, dolores musculares y de las articulaciones. Más adelante se pueden observar signos de meningitis y de neuritis.

Los síntomas típicos de esta enfermedad, los posibles signos que indican que se ha producido la mordedura, y análisis de sangre, nos permitirán diagnosticar con total seguridad la borrelosis, de tal forma que en un caso normal se podría comenzar rápidamente con un tratamiento adecuado (antibiótico) y el paciente se curará sin que le queden secuelas.

La segunda enfermedad que puede ser transmitida es muchísimo menos frecuente y se llama **meningoencefalitis estival temprana** (FSME). Esta enfermedad la transmiten sólo determinadas garrapatas que viven en una región muy concreta (por ejemplo, a lo largo de Donau-Auen), y además sólo lo hace una de cada 50 garrapatas.

Los *trastornos* comienzan de 3 a 28 días después de la mordedura, con un cuadro clínico muy semejante al de una gripe: fiebre de unos 39 grados y dolores de cabeza y extremidades. Después de 3 a 7 días las molestias han desaparecido.

En el 8 a 10 por 100 de los enfermos se desarrolla nuevamente una segunda fase patológica, con fiebres altas, sensación de enfermedad pesada y signos de una posible meningitis. Esta meningitis tiene en un 10 por cien de los adultos las siguientes consecuencias: entumecimiento, dolores de cabeza crónicos y disminución de la capacidad de trabajo. En el caso de los niños, esta meningitis se suele curar sin dejar apenas secuelas.

La FSME se puede diagnosticar por medio de análisis sanguíneos; no es posible llevar a cabo un tratamiento específico.

Se han desarrollado las siguientes vacunas para tratar de combatir la FSME:

La «vacuna activa» (véase capítulo «Vacunaciones», pág. 129) se compone de una vacuna triple, que hoy en día la experiencia ha demostrado que sólo se debe aconsejar a personas que viven en una región «de riesgo» y que suelen pasar mucho tiempo en los bosques (guardas forestales, obreros forestales) o a aquellas personas que planeen llevar a cabo una excursión en canoa por el Danubio. No es recomendable que en niños este tipo de vacuna se administre de forma rutinaria. En general, esta vacuna es perfectamente tolerable.

Después de sufrir una mordedura de garrapata, existe la posiblidad de una vacuna «pasiva» , es decir, la administración de anticuerpos (véase capítulo «Vacunas»). Sin embargo, esta vacuna no proporciona una seguridad absoluta, y en casos muy raros puede conducir a reacciones alérgicas.

Mordeduras de ofidios

Aunque las mordeduras de serpientes no son muy frecuentes, se producen algunos casos en diferentes países europeos. Como la mayoría de las serpientes secretan su veneno a través de sus colmillos, la mordedura de serpiente se reconoce como dos pequeñas heridas en forma de círculos que aparecen muy juntos entre sí.

Reconocimiento:

— Fuertes dolores.
— Inflamación.
— Sensación de mareo.
— Debilidad.
— Inconsciencia.
— Taquicardia.
— Trastornos en la visión.

Medidas:

— Estabilizar **la parte del cuerpo que ha sido mordida**; el movimiento acelera la metabolización del veneno (se coloca como en el caso de una rotura de huesos).
— **Vendar por encima de la zona donde se ha producido la mordedura** con un objeto de gran tamaño (un trozo de tela, nunca con una cuerda), de tal forma que aún se perciba el pulso, pero las venas estén hinchadas.
— **¡Acudir inmediatamente a un médico!**

Continuación del tratamiento:

Si no es posible disponer de un médico rápidamente (lo que suele ocurrir por regla general), succionar la herida, por ejemplo, con un frasco de succión: se calienta un frasco en agua caliente y a continuación se presiona la herida con su abertura. A través del aire que se va enfriando se produce una depresión.

Como medidas adicionales se puede proceder a recortar la herida o a administrarle al herido suero de ofidio. Solamente un médico es capaz de decidir si estas medidas son necesarias. Cuando el ofidio causante de la mordedura es una víbora, generalmente no es aconsejable utilizar el suero de ofidio (no inocuo).

Independientemente de esto, en el caso de una mordedura de serpiente son aplicables los principios básicos del tratamiento de heridas (desinfección, protección contra el tétanos).

Tratamiento y desinfección de heridas

En niños es frecuente que se produzcan heridas en la piel como resultado de una caída o corte. Por regla general, este tipo de heridas no entrañan un riesgo vital. En todo caso, se deben conocer las primeras medidas que se han de tomar en estos casos.

Las **heridas por abrasión** son raspaduras superficiales de la piel. Se suelen producir, sobre todo, en la cara, las rodillas y las manos.

En el caso de **heridas contusas,** además de las heridas en la piel se producen también daños en el tejido que se encuentra subepidérmico.

Las **heridas laceradas** se producen como consecuencia de haber ejercido fuerza sobre la piel tensa que cubre los huesos. Esta piel «revienta» literalmente y, debido a su fuerte hemorragia, parece más peligrosa de lo que en realidad es (por ejemplo, un «agujero» en la cabeza). Una herida de este tipo siempre debe ser tratada quirúrgicamente (debe ser lavada, cosida o grapada).

La gravedad de las heridas producidas por **objetos punzantes** suele ser muy difícil de determinar, ya que, dependiendo de la profundidad del corte, pueden verse afectados tejidos internos. También en estos casos se aconseja un tratamiento quirúrgico. **Cualquier cuerpo extraño que se haya quedado alojado en el interior de la herida, no debe ser extraído en el mismo lugar del accidente, sino en una clínica.** Esto es debido a que, en ocasiones, la herida se vuelve peligrosa, precisamente en el momento en el que extraemos el objeto que se ha quedado clavado (por ejemplo, el objeto «clavado» en un capilar sanguíneo lo está obturando, al extraer dicho objeto es cuando se produce precisamente la hemorragia).

Riesgos que entrañan las heridas

1. Pérdida de sangre. En heridas que no sangran abundantemente, el riesgo de desangrarse es prácticamente inexistente. Por otro lado, hay que tener en cuenta que en lactantes y niños de corta edad el volumen de sangre es bastante menor que en adultos y que por ello, cuando se producen pequeñas pérdidas de sangre, pueden aparecer síntomas graves. Los siguientes síntomas son especialmente peligrosos y se interpretan como signos indicativos de un choque inminente:

Síntomas de choque:

— Pulso rápido, casi imperceptible.
— Inquietud.
— Sensación de frío.
— Sudor frío en la frente.

Medidas:

Cortar **inmediatamente** la hemorragia; en el caso de una hemorragia leve, utilizar una venda esterilizada y, si la hemorragia es fuerte, un vendaje compresivo (véase también el capítulo de «Hemorragias», pág. 79).

2. Dolores. Son muy dolorosas, sobre todo, las heridas contusas e incisas, pues afectan al sistema nervioso. Estos dolores pueden incluso intensificar el choque.

Medidas:

— Colocar en posición estable la parte del cuerpo afectada.
— Refrescamiento.
— Hablar al herido, tratando de tranquilizarlo.

— Distraerlo.
— Sólo se administrarán analgésicos que hayan sido prescritos por un médico.

3. Infección. A través de agentes patógenos que penetran en la herida desde el exterior se puede desarrollar una infección. Esta infección puede extenderse posteriormente al resto del cuerpo y tener graves consecuencias si no se lleva a cabo un tratamiento adecuado.

Signos de infección:

— Enrojecimiento.
— Sobrecalentamiento.
— Inflamación.
— Dolores.
— Secreción purulenta.

Medida preventiva:

Desinfección (véase pág. 126).

Un tipo especial de infección es el **tétanos.** Los agentes patógenos causantes de esta infección suelen encontrarse fundamentalmente en la tierra y en el polvo de la calle, no siendo eficaces para combatirlos los productos de desinfección más comunes. La enfermedad se manifiesta en forma de calambres musculares y, finalmente, en una parálisis respiratoria que lleva a la muerte.

Por todo ello, se debería **vacunar** a todos los niños contra el **tétanos**, y también las personas adultas deberían procurar realizar de forma regular «vacunaciones de recuerdo» (véase pág. 129).

Un medio ideal para desinfectar heridas debería:

— actuar de forma rápida contra un gran número de gérmenes patógenos;
— a ser posible, no provocar dolor;
— no ser tóxico al ser asimilado por el organismo.

Hoy en día, los desinfectantes que se utilizan con mayor frecuencia son:

Sustancia	Ventaja
Compuestos yodados Por ejemplo, Betaisodona **Solución PVP**	Actúan de forma rápida y son de gran eficacia. **Desventaja** Producen sensación de ardor, la asimilación de yodo puede provocar problemas tiroideos y renales.
Alcoholes Por ejemplo, etanol del 70 %.	Ventaja Son eficaces y actúan rápidamente. **Desventaja** Producen intenso ardor.
Compuestos de mercurio Por ejemplo, Merfen.	Ventaja Apenas producen ardor. **Desventaja** En caso de heridas más grandes, estos compuestos son peligrosos, al ser asimilados por el cuerpo.

Principios básicos para la cura de una herida

Hemorragias peligrosas	Cortarlas.
Pequeñas heridas que amenazan con infectarse.	**Desinfectarlas** con un producto desinfectante adecuado.

Pequeñas heridas.

Se curan poniendo un **vendaje rápido**. Si éste no resulta suficiente, colocar un **vendaje esterilizado**.

Heridas mayores, que requieren ser tratadas en un hospital.

No deben ser **desinfectadas**. Sobre todo, **no** utilizar «**remedios caseros**», como por ejemplo, pomadas, polvos, harina.

En el caso de que la herida se **ensucie** con arena o con otras sustancias o cuando haya indicios de una **infección**.

Avisar al **pediatra/médico de cabecera**.

Cuerpos extraños de mayor tamaño que hayan penetrado en la herida.

No retirar.
Colocar vendaje esterilizado no apretado. «Amortiguar» los cuerpos extraños con la ayuda de gasas y llevar al niño inmediatamente para ser curado en un hospital.

Heridas que sangran abundantemente con cuerpos extraños en el vientre o en el pecho.

Avisar de **inmediato al médico de urgencias**.

Informaciones sobre los vendajes

Un vendaje se compone de tres partes:
— Soporte de la herida o gasa.
— Almohadillado.
— Fijación.

En caso de vendaje rápido de una herida, el fabricante reúne estos tres componentes listos para su uso.

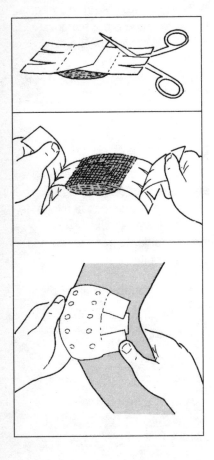

En los conocidos como vendajes de esparadrapo se utilizan gasas estériles y material de fijación (esparadrapo).

Aplicación:

— La gasa estéril ha de ser mayor que la herida.
— Para una mejor sujeción en la proximidad de la articulación y para evitar la formación de pliegues, las superficies adhesivas se cortarán lateralmente.
— Separar ambas hojas protectoras de las superficies adhesivas, sin tocar la gasa.
— Colocar la gasa sobre la herida, ejercer una ligera presión sobre la herida.

Aplicación:

— Como soporte de la herida estéril se emplean las llamadas gasas de celulosa, que se elegirán de mayor tamaño que la herida. El soporte de la herida se fijará con bandas de esparadrapo anchas, que discurrirán en paralelo a lo largo y tranversalmente a la herida. En niños se deberán utilizar a ser posible esparadrapos que no irriten la piel.

¡No pegar nunca el esparadrapo directamente sobre la piel!

Vacunaciones

En el contexto de un libro de primeros auxilios tan sólo podemos mencionar algunas vacunas.

Se diferencia entre estos dos principios de vacunación:

Vacunación activa: Se administra un agente patógeno inactivado o de acción muy debilitada. Se estimula así al organismo a formar anticuerpos (la llamada inmunoglobulina), los cuales, al ponerse en contacto con el «auténtico» agente patógeno, evitan que se desencadene la enfermedad infecciosa.

El organismo requiere un cierto tiempo hasta que empiece a crear los anticuerpos (hasta 4 semanas). También parece aconsejable administrar vacunas «de recuerdo» a intervalos regulares. ¡Las vacunas activas no tienen una protección inmediata!

Vacunación pasiva: En este tipo de vacuna se administra al organismo la inmunoglobulina correspondiente. Por lo tanto, en este caso sí que se puede hablar de una protección inmediata, pero que dura sólo un tiempo limitado (aproximadamente unas 4 semanas, ya que la inmunoglobulina es metabolizada por el organismo). Por ello, las vacunas pasivas ofrecen una protección inmediata, pero no tienen un efecto a largo plazo.

Vacuna antitetánica

Vacunación activa en
el tercer mes de vida,
el quinto mes de vida,
el 18 mes de vida.

Vacunas «de recuerdo» en el sexto año de vida (cuando comienza la edad escolar), después, cada 10 años.

Lógicamente, la vacuna antitetánica se combina con la vacuna contra la difteria. En general, estas vacunas se toleran muy bien.

Si seguimos este esquema de vacunación, siempre podemos tener la seguridad de que existe una protección suficiente. Una vacunación pasiva tan sólo es aconsejable en casos de heridas recientes o cuando nos hemos desviado del esquema anterior.

Cualquier herida «sucia» conlleva el riesgo de una infección por tétanos. Esto también es aplicable a las quemaduras. En la República Federal de Alemania existe una buena protección contra el tétanos gracias a las vacunas: en 1981 se registraron 14 casos de enfermedad, de los cuales ocho resultaron mortales. En los países del Tercer Mundo enferman anualmente unas 500.000 personas y se registran unos 200.000 casos mortales.

Vacuna antirrábica

Dado que la enfermedad de la rabia **casi siempre discurre de forma mortal**, incluso cuando se sospecha que ha podido haber una transmisión del virus causante, se sigue el siguiente esquema:

Vacunación activa en los días 0 (día de contacto), 3, 7, 14, 30 y 90, respectivamente.

En el caso de mordeduras graves (sobre todo en la cara) causadas por un animal rabioso con seguridad, el día del contacto se le administrará al herido una dosis de inmunoglobulina contra la rabia (vacunación pasiva).

Generalmente se tolera bastante bien esta vacuna.

Vacuna contra las garrapatas (vacuna anti FSME)

Vacunación activa: 2 inyecciones, con un intervalo de 4 semanas. Como la mayor probabilidad de que se produzca este tipo de enfermedad se suele dar a principios de junio, la primera vacuna se debería aplicar a mediados de febrero.

Vacunas «de recuerdo»:   La primera después de un año.
                              Después cada tres a cinco años.

Vacunación pasiva (para individuos que no hayan sido vacunados o lo han sido insuficiente): Esta vacunación tan sólo tiene sentido administrada dentro de las 72 horas después del contacto, proporciona una protección del 60 por 100, **la protección de la vacuna no es muy duradera**.

Diarreas y vómitos en niños

Fundamentos:

En el caso de una pérdida de líquido que suponga un 10 por 100 del peso corporal, hay que contar que se puedan producir graves trastornos.

Ejemplo: Un lactante de 10 Kg. de peso: 1 litro
Un adulto de 70 Kg. de peso: 7 litros

Las necesidades diarias de líquidos en valores porcentuales es mayor cuanto más joven es el individuo.

Ejemplo: 10 Kg. en lactantes: 600 ml. = 6 % del peso corporal
70 Kg. en adultos: 2,5 l. = 3,5 % del peso corporal

De ello se desprende que, si un lactante de 10 kilogramos de peso no ha ingerido líquido alguno transcurridos 2 días, puede encontrarse en una situación en la que peligre su vida (ya que, desde el punto de vista de un cálculo matemático, le falta un 12 por 100 de su peso corporal), mientras que un adulto en las mismas circunstancias no sufre peligro alguno.

Si tenemos en cuenta que en este ejemplo de pérdida de líquidos todavía no se han considerado pérdidas debidas a vómitos o a diarreas, es evidente que un lactante joven puede ver peligrar su vida en menos de 24 horas, debido a un rechazo de la alimentación, a vómitos y a diarreas.

Por todo ello, son aplicables las siguientes recomendaciones:

— Cuanto más joven sea un niño, con mayor celeridad se ha de avisar al pediatra, cuando comience a presentar síntomas de diarreas, vómitos o rechazo de los alimentos.
— Cuanto antes se inicie un tratamiento, más posibilidades habrá de evitar una hospitalización.
— En caso de vómitos incoercibles, se ha de llamar al pediatra lo antes posible con el fin de evitar otro tipo de enfermedades como, por ejemplo, una hernia inguinal estrangulada.

Bases para un tratamiento:

En primer lugar, se ha de aportar suficiente líquido y, en el caso de diarreas especialmente intensas, también se han de suministrar sales al organismo.

Medidas: Se recomiendan preparados elaborados como Oralpädon o GES 45, que contienen líquido, fructosa y sales en unas proporciones equilibradas y adaptadas al organismo infantil. Desgraciadamente, el sabor de estas soluciones no es demasiado apetecible para el paladar de un niño y, por lo tanto, se recomienda mezclarlas con alguna otra bebida. La toma se debe realizar en pequeñas cantidades —al principio a cucharadas—, pero a intervalos cortos de tiempo.

Con estas medidas se pueden tratar con bastante éxito la mayor parte de las infecciones gastrointestinales en niños de corta edad.

En niños más mayores se puede ser más generoso en la elección de la alimentación:

> Una dieta bastante aceptada es aquella que incluye **cola y palitos salados**.

Si no es posible la toma de líquidos por vía oral, ya sea por una inflamación de la mucosa bucal o por vómitos persistentes, se llevará a cabo un tratamiento con sonda gástrica o suero, que generalmente tiene lugar en la clínica infantil.

En niños de corta edad no tiene mucho sentido abordar **un tratamiento medicamentoso** de la diarrea con medicamentos que reducen la actividad intestinal, e incluso puede llegar a ser peligroso, ya que, debido a la diarrea, los agentes patógenos son en cierta forma «expulsados» fuera del cuerpo.

Dolores abdominales

Seguramente, los dolores abdominales son uno de los trastornos más frecuentes en la infancia. En la mayoría de los casos suelen ser inocuos, aunque en ocasiones se pueden manifestar cuadros clínicos graves que precisan un tratamiento urgente.

¿Qué medidas de urgencia pueden adoptar los padres en caso de que sus hijos sufran dolores abdominales?

Una posibilidad grosera de diferenciación es la división en dolores abdominales *agudos* y *crónicos*.

Se entiende por **dolores abdominales agudos** aquellos que aparecen repentinamente, que en su mayoría pueden ubicarse con precisión en una parte de la cavidad abdominal.

Los cuadros clínicos más importantes y frecuentes son:

— Apendicitis.
— Hernia inguinal.
— Invaginación intestinal.
— Gastroenteritis.
— «Cólicos biliares.»
— Infecciones de las vías urinarias.
— Diabetes mellitus.

Medidas:

Un intento de tratamiento con compresas húmedas y calientes, así como un cuidadoso masaje de la región umbilical (en caso de cólicos biliares y gastroenteritis), pueden aportar un alivio.

Todo dolor abdominal (agudo) que se prolongue durante más de tres horas es considerado como caso de urgencia y requiere una profunda exploración médica, a fin de descartar una enfermedad que precise un tratamiento quirúrgico o medicamentoso inmediato.

Se entiende como **dolores abdominales crónicos** los dolores recidivantes (que aparecen al menos tres veces en el plazo de tres meses) en el espacio abdominal, que se localizan con mucha frecuencia en la región umbilical. Se describen como dolor difuso y son de corta duración.

En niños mayores de 5 años, sólo en el 10 por 100 de los casos de dolores abdominales, crónicos, la causa de los mismos se atribuye a una llamada enfermedad crónica, mayoritariamente infecciones de las vías urinarias.

En la inmensa mayoría de los casos, las afecciones psicosomáticas son responsables de los dolores abdominales crónicos, debidas, por ejemplo, a problemas escolares, situaciones de estrés o conflictos familiares.

Medidas:

En estos casos, las dolencias del niño se alivian con la aplicación de paños calientes, así como el masaje abdominal y la dedicación.

Naturalmente, la división en dolores abdominales agudos y crónicos es algo esquemática: pueden aparecer formas mixtas que no se pueden ignorar. Por tanto, sería grave que se pasara por alto una apendicitis y se operara muy tarde, habiendo considerado como causa de los dolores abdominales los problemas escolares.

Por ello, en caso de duda y para descartar una afección seria, también deberán ser sometidos a una exploración inmediata por parte del facultativo aquellos niños con supuestos dolores abdominales crónicos, especialmente cuando, transcurridas tres horas, no han experimentado un alivio.

Fiebre

Definiciones:

36,1° C a 37,5° C.   Valor normal.
37,5° C a 38,0° C.   Temperatura alta.
por encima de 38,0° C.   Fiebre.

Método de medición más seguro:

El termómetro se introduce de 1 a 2 centímetros por vía rectal, durante un periodo de 3 minutos.

Importante:

Debido a una congestión (demasiada ropa, exposición al sol), a inquietud (lactante llorando), después de comidas o de actividades diversas (saltar, carrera de resistencia), la temperatura puede aumentar hasta alcanzar los 38,5° C, sin que se dé un estado patológico.

Causas:

— Mayoritariamente **infecciones** tales como catarros, tos, faringitis, bronquitis, otitis del oído medio, gastroenteritis, infección de las vías urinarias, en el marco de

Medidas:

Antes de llevar a cabo el tratamiento adecuado se debe buscar la causa que ha provocado la fiebre. Resulta lógico que un lactante con fiebre de sed debe recibir un tratamiento distinto que un una de las llamadas «enfermedades infantiles», etc.

— Fiebre de sed, sobre todo en recién nacidos y en lactantes jóvenes, la fiebre puede aparecer debido a una toma insuficiente de líquidos (cuando, por ejemplo, el niño aquejado de un catarro no tiene ganas de beber) o debido a pérdidas de líquido (causadas por diarreas), al hecho solamente de producirse una falta de líquido. En el caso de que no se dé la fiebre de sed (la cual se suele tratar administrando líquido), ni tampoco se observe infección bacteriana (que se suele tratar por medio de antibióticos), no es preciso disminuir temperaturas corporales de hasta 39° C (exceptuando niños con espasmos febriles, véase pág. 43): en estos casos, que suelen ser los más frecuentes (con diferencia), la fiebre es provocada por una infección vírica. Debido a la fiebre se moviliza el sistema inmune del niño que sufre una infección de las vías urinarias.

No se puede determinar de forma generalizada cuándo se debe de llevar al médico a un niño con fiebre.

Sobre todo en el caso de lactantes pequeños y en niños con síntomas de somnolencia creciente, alucinaciones y/o hemorragias cutáneas, éstos deberán de ser reconocidos inmediatamente.

Para **disminuir la fiebre** se han de llevar a cabo en primer lugar las llamadas **medidas «físicas»**:

Destapar al niño
Por regla general, un paño fino de lino es suficiente como cobertura, y para vestirlo utilizar una camiseta y una braguita o calzoncillo. De cualquier forma, el niño tampoco es necesario que pase frío. Los «escalofríos» se ponen de manifiesto, sobre todo, cuando se producen subidas y bajadas muy rápidas de la temperatura corporal.

Compresas en los muslos
Tan sólo tienen sentido en el caso de piernas calientes. Sumergir un trapo en agua templada, escurrirlo y

propio organismo, y de esta forma sustancias extrañas son «devoradas» muy eficazmente por los leucocitos a una temperatura de 39° C. Naturalmente, el niño no debe ser perjudicado adicionalmente por la fiebre; sobre todo hay que procurar que el niño beba suficientemente.

enrollarlo fuertemente alrededor de la pierna. Esperar 10 minutos, y a continuación repetir el procedimiento de 3 a 4 veces.

Vendaje del vientre
El principio es básicamente el mismo que en el caso de las compresas en los muslos, aunque suele ser un poco más desagradable.

Ventilador
Si colocamos un ventilador encima del cuerpo (desnudo) del niño, de tal forma que le llegue una corriente de aire frío, se puede conseguir que se desprenda la mayor parte del calor (de la fiebre).

Medidas para bajar la fiebre con ayuda de medicamentos:

Sólo en el caso de que las medidas físicas que acabamos de describir no alcancen el éxito esperado, o de que no sean aceptadas por el niño, se ha de recurrir a las medidas medicamentosas. Entonces hay que tener en cuenta los siguientes puntos:

— No existe ningún medicamento indicado para bajar la fiebre que no tenga efectos secundarios no deseados.

— En la mayoría de los casos, los efectos secundarios dependen de la cantidad total del medicamento; por ello, entre dos tomas de dicho medicamento debe esperarse un tiempo mínimo de 4 y óptimo de 6 horas.

— Como muy tarde, si después de una tercera toma del medicamento, que debe disminuir la fiebre, no se observa que produzca dicho efecto, el niño debe ser reconocido por un médico.

Es imposible intentar dar cabida en nuestro libro a todos aquellos medicamentos que consiguen disminuir la fiebre; para los llamados «supositorios contra la fiebre» que contienen como única sustancia efectiva el **paracetamol,** son válidas las siguientes dosificaciones:

Lactantes (de hasta 12 Kg.)
125 mg. como dosis única.
Niños de corta edad (12-25 Kg.)
250 mg. como dosis única.
Niños en edad escolar (por encima de los 25 Kg.)
500 mg. como dosis única.

Enfermedades cardiacas

En **adultos,** las enfermedades que afectan al sistema cardio-circulatorio, sobre todo los infartos y paros cardiacos, son las primeras causas de mortalidad.

En **niños,** este tipo de enfermedades prácticamente no se dan. **Casos de urgencia debidos a un trastorno en la función cardiaca en niños suelen ser casos excepcionales.**

En un 1 por 100 de los recién nacidos se observa un fallo cardiaco congénito. La mayoría de estos niños manifiestan molestias durante los primeros días de vida, por lo que es posible comenzar inmediatamente con un tratamiento adecuado. En algunos niños sin embargo, los signos de una posible enfermedad se desarrollan unos días más tarde.

Síntomas que nos pueden hacer pensar en la posibilidad de un fallo cardiaco son los siguientes:

— Sudoración frecuente.
— Trastornos en la ingesta de líquidos.
— Desarrollo insuficiente.
— Aumento de peso muy rápido sin apenas ingerir alimento (debido a retención de líquidos).
— Palidez.
— Cianosis.
— Inquietud, aturdimiento.
— Malestar, vómitos.
— Capacidad de rendimiento disminuida, protección repentina del cuerpo.

— Falta de aire en caso de sobrecarga, respiración fatigosa.
— Infecciones múltiples de los bronquios y de los pulmones.

En el caso de que se den estos síntomas, es necesario que un pediatra experimentado efectúe un reconocimiento exhaustivo.

La muerte súbita en niños

Definición:

Consiste en la muerte de lactantes de una forma completamente inexplicable e injustificada, o de lactantes en los que poco antes de su muerte se detectó una enfermedad banal, de poca importancia y que no se considera suficiente como causa mortal.

Frecuencia:

Anualmente, 2,4 de cada 1.000 recién nacidos vivos son víctimas de este tipo de muerte, la cual supone un 30 por 100 de la mortandad de los lactantes, y se considera como la causa más frecuente del fallecimiento de los niños comprendidos en estas edades.

Momento más frecuente en que se produce:

Del segundo al cuarto mes de vida.

La muerte súbita no suele producirse después del primer año, aunque tampoco conviene descartar completamente esta posibilidad.

Es típico que esta muerte repentina se produzca cuando el niño está durmiendo; no suele ocurrir que un lactante despierto se caiga de repente muerto.

Intento de explicación:

Existen un gran número de posibles explicaciones en lo que respecta a esta extraña muerte: infecciones debidas a determinados agentes patógenos, una sobrecarga del medio ambiente condicionada por sustancias contaminantes definidas, causas genéticas y otras muchas posibles razones. Con seguridad, ninguno de estos puntos que mencionamos es responsable por sí solo de la muerte súbita en los niños.

Hoy en día, se considera que la causa principal de esta muerte puede ser un trastorno en el desarrollo de una parte del cerebro —el tronco cerebral—. El tronco cerebral es responsable del control involuntario de la respiración y del latido cardiaco; se cree que en algunos recien nacidos este control funciona de una forma incompleta, sobre todo mientras están durmiendo. El tronco cerebral «madura» durante los primeros años de vida; no existen posibilidades por medio de medicamentos o de otro tipo que consigan acelerar este proceso de maduración. El único punto de partida consiste en encontrar grupos de riesgo y controlarlos de forma intensiva.

Grupos de riesgo:

Lactantes que han sufrido «casi una muerte súbita» (sólo por «casualidad» se ha conseguido impedir esta muerte).

Treinta y dos de cada 1.000 lactantes pertenecientes a este grupo, mueren anualmente.

Hermanos de niños lactantes que han muerto como consecuencia de una muerte súbita (20 por 1.000).

Recien nacidos prematuros con determinados factores de riesgo (34 por 1.000).

Posibilidades de prevenir la muerte súbita en niños:

Los lactantes que encajan en los tres grupos de riesgo que acabamos de mencionar deberían ser vigilados por medio de un monitor mientras están durmiendo. Este monitor debe registrar tanto la respiración como el latido cardiaco y deberá avisarnos cuando no se alcancen determinados valores límites.

Sin embargo, una vigilancia de este tipo no se ha de considerar como la solución al problema que supone la muerte súbita infantil. Incluso los aparatos de vigilancia más modernos no están exentos de fallos en el sistema de alarma. El miedo y el sobresalto que puede provocar un fallo de este tipo a los padres y hermanos del niño vigilado se lo puede uno imaginar fácilmente. En el caso de que se den demasiados fallos en la alarma, se puede producir un cierto embotamiento; entonces existe el riesgo de que un aviso de alarma certero no sea reconocido a tiempo. Se han registrado casos de muerte en niños que habían estado siendo vigilados por un monitor.

El tiempo aconsejable durante el cual se debe vigilar a un lactante para poder prevenir la muerte súbita es el primer año de vida; sólo en casos aislados se recomienda un tiempo de vigilancia más prolongado.

Los padres de aquellos niños que precisen ser vigilados por un monitor, adicionalmente deben haber sido instruidos en medidas de primeros auxilios.

Datos para su mejor control

Valores normales de la frecuencia de pulso y de respiración
en niños sanos en función de la edad.

Edad	Peso (en Kg.)	Frecuencia de respiración (aspiraciones por minuto)	Pulso (latidos/ minutos)
Recien nacidos	3,5	45	140
6 meses	7	40	130
1 año	10	35	120
2 años	12	30	110
6 años	20	25	90
10 años	30	20	85
15 años	50	18	75

COLECCIÓN PSICOLOGÍA Y AUTOAYUDA

Advertir los niños:

- Amianta
- Frigorífico → quedar encerrado → asfixia.
- qué hacer si ven un accidentado — hemorragias, miembros separados.
- "arañazos" o mordedura de animales